国語科教育の基礎構築

白井　宏

溪水社

まえがき

長い年月、近世文学（俳諧文芸を中心に）並びに国語科教育を専攻され、たゆむことなく真摯に業績を積まれた、白井　宏教授が国語科教育に関する論考をまとめ、『国語科教育の基礎構築』として刊行されることになった。文学教材の精緻な考究を基底としつつ、国語科教育実践の本格的構築をめざされたものとして、本書の刊行に深い喜びを覚える。

白井　宏氏は、香川県立高松高校を卒業して、東京教育大学文学部文学科（国語学国文学専攻）に進まれ、俳文学を専攻し、尾形　仂教授の指導を受けられた。昭和四一（一九六六）年三月、卒業し、愛知県立瀬戸高校、ついで名古屋大学教育学部附属中・高等学校に勤められた。附属に勤めつつ、昭和五一（一九七六）年から昭和六一（一九八六）年まで一〇年間、名古屋大学教育学部で「国語科教育法」を担当し、国語科教育の実践・研究を共に進められた。昭和六一（一九八六）年四月、四国女子大学（現四国大学）に着任され、国語科教育・近世文学を担当して現在に至っておられる。

新著『国語科教育の基礎構築』は、四編（Ⅰ～Ⅳ）、十二章（一～十二）から成り、昭和五四（一九七九）年から平成一四（二〇〇二）年にかけて、二十三年間に執筆・発表された論考等が収められている。

第Ⅰ編第一章　一　文学教育の意義と役割――文学教育と生涯学習――には、長年、文学教育の実践と研究にひたむきに取り組んでこられた白井　宏教授の文学教育への熱い思いが込められている。第Ⅱ編　文学教材の考究その一　では、魯迅の作品「藤野先生」・「阿Q正伝」・「狂人日記」が取り上げられ、白井　宏教授独自の教材研究・

作品分析が試みられ、文学教材研究（→国語科教育探究）に卓抜な成果を収められた。

第Ⅲ編　文学教材の考究　その二　では、文学教材・戯曲教材が取り上げられ、白井　宏教授独自の考究・分析が進められた。その教材研究は単なる机上操作ではなく、文学教材を生かしきった授業を構築していくために欠くことのできない、作品分析・作品考究が徹底して進められている。文学の授業を構築していくのに欠かせない教材研究が営まれ、鋭い国語科教育観が随所に閃いている。

第Ⅳ編　国語教育の領野に咲く花々　に収められた四つの随想は、いずれも国語科教育の在り方に深く緊密にかかわる珠玉の文章であり、それぞれはまた、望ましい国語科教育への示唆に富む提言となっている。

白井　宏教授に私がお会いしたのは、昭和六一（一九八六）年五月九日（金）のことであった。四国女子大学（現四国大学）に着任され、鳴門教育大学へ挨拶に来られたのである。当日は、森田　蘭教授と共に来られ、午前一〇時から二時間、お話をすることができた。令兄白井加寿志氏（香川県尽誠学園高校長）と親しい間柄にある私には、初めてお会いしながら、初めてではないように感じられた。

白井　宏教授には、これからも近世文学の研究に、また国語科教育研究に取り組まれ、さらに一層独創性に富む実績をあげられ、熟成への道を歩まれるよう祈念し、かつ期待してやまない。

二〇〇二年三月

広島大学名誉教授
鳴門教育大学名誉教授　野　地　潤　家

目次

Ⅳ　国語教育の領野に咲く花々

Ⅰ　文学教育基礎論

一　文学教育の意義と役割

――文学教育と生涯学習――

1

高齢化社会の到来と生涯学習の必要性、この二つのことばはほぼ同じ時期からよく耳にするようになったという記憶があるが、むろん両者が結びつかなければならない必然性はない。長生きするしないにかかわらずわれわれは、生きているかぎり日々学び続けなければならない。実際に学び続けてもいる。

そう考えれば、学校教育というものは、われわれにとって、生涯学習の一部分である。ということは、就学前の、家庭や地域、保育園や幼稚園における教育やしつけが、就学後の学校における学習や生活の、準備や基礎となるように、小学校以降の学校教育は、学校教育終了後長く続くことになる、社会での学習や生活のための、準備や基礎となるはずのものであるということである。つまり、学校教育は、実社会での生活や学習に「役立つ」ものでなければならない、ということである。本稿では、この「役立つ」ということについて考えてみたい。

近世、寺子屋で教えるのは「読み・書き・そろばん」であったという。知人からの来信や御上のお触れが読め、自分の意思を伝える文章が書け、店で買い物をするときに釣り銭をごまかされない。これが、日常生活に「役立つ」

学習事項のミニマムということであったのであろう。それ以外の、あるいはそれ以上の、和算・暦学・医学・本草学等々は、必要や関心のあるごく少数の専門家が学び、庶民はその成果の恩恵を受けるという形であった。

近代になって、「教科」という思想と、「義務教育」という制度とが、いずれも西洋から入ってきた。大ざっぱにいえば、人類の文化・文明の遺産の総体を、数学・経済学・物理学……というように分節化し、それぞれの一定レベルまでのものを、すべての人々に教えるということになった。

「読み・書き・そろばん」ではいかにも素朴に過ぎ、それは、社会生活を営んでいく上で、必要条件ではあっても十分条件ではないという認識によるのであろう。高度に複雑化した近代社会においては、「教科」という分節化と、国民全員への義務化ということは、必要でもあり、必然でもあったのである。

しかし、どのような思想も制度も完全無欠ということはあり得ない。義務教育制度のことはひとまず措くとして、「教科」という思想について考えてみる。分節化によってたしかに個々の「教科（学問）」は、著しく深化・発展を遂げた。ところが一方で、それぞれがタコツボ化し、境界に隘路が生じたり、相互間の有機的関連を見る視点が欠落したりという現象が起こり、そこからさまざまの弊害が出てくるようになった。しばらく前から学際的研究ということが言われるようになり、最近総合学習ということが盛んになっているということなどは、今述べたことにたいする反省から生まれたものであろう。

2

長くなってしまったが、以上は前置である。

大げさな言いかたになるが、「教科」に分節化されることによって、たとえば、人生いかに生きるべきか、というような問題は、どのような場（教科）で、どのように取り組まれることになっているのであろうか。すべての教科の根底にそれはあるのだとか、それはすべての教科を学ぶ中で各自がそれぞれに考えていく問題だ、などということは、むろんそのとおりなのであるが、いかにもきれいごとの建前論のように思えるし、もっと強い言葉でいえば、逃げ口上のようにも思われる。

かなり我田引水のようだが、筆者は、「文学」・「文学教育」が、その問題に真正面から取り組む、一つの場になるのではないかと考えている。すぐれた文学作品には、時代や地域をこえて、与えられた状況の中で懸命に生きていく人間の姿が、人間の行為やことばという具体的な形で描かれている。

筆者は、文学教育を国語科教育の中心に置くべきだと考えているわけではない。ことばという道具を用いて、身の回りや世界を理解し（新聞を読み、テレビを見、機器類のマニュアルを読み……）、自分の思いや考えを表現し（作文や手紙を書き、意見を発表し……）、コミュニケーションをする（討論をする……）。そういういわば、実際にすぐに「役立つ」言語的技能を身につけることは、国語科教育の最重要な根幹部分であることはいうまでもない。それらの技能習得をも含めて、人生いかに生きるべきかというような根源的な問題について考える、あえていえば一種の「総合学習」に文学教育はなりうるのではないかということである。そういう意味で「生涯学習」の一翼を担いうるのではないかということである。文学作品を読み進めていく場合、語彙や文法に関する正確な知識や技能だけでは読解できないときがあるのではないか。文学を聖域化したり、それを読んだり書いたりすることを特殊な才能を要する秘儀化することには反対だが、辞書と文法書とだけで読めるとも思えない。ある作品そのものに、その作品の中のひとりの人物に、その人物の発するひとつの言葉に向き合うとき、われわれは、われわれのそれまでの人生経験の総量をもって対している。そうでなければ文学がわれわれに「役立つ」ものとはいえない。

文学教育を、人間の生きかたという主題を基点にして実践してきた歴史は、けっして短くもないし貧しいものでもない。小学校・中学校はもちろんのこと、戦後作られた「現代国語」という新しい科目にたいして、多くの高校教師が積み重ねてきた懸命で真摯な努力の成果には、学び継承すべきものが多い。

しかし一方で、その中には、克服すべき問題点が含まれていたことも認めざるを得ないように思う。小説家や詩人になりたかったがなれなかった、ことばは悪いが、文学青年くずれの教師が、その見果てぬ夢を語るような形で、文学少年や文学少女を作っていくような授業、作品をまったく読みもしないで、作品や作家や文芸思潮など文学史の知識を詰め込んでいくような授業、これらは問題にもならない。

筆者には、苦い思いとともに思い出すひとつの風景がある。夏休み前のある日、ひとりの生徒が質問する。「なぜ読書感想文を出さなければならないのですか」。彼女は読書好きの生徒であった。「ある本を読む。当然何らかの感想を持つだろう。それをそのまま書いてくれればいいのです」。私の「正論」にたいして彼女は引き下がらざるを得ない。

私の発言は、論としては正しい。しかし、実態に即していえば嘘である。九月に集められた厖大な読書感想文は、「読書感想文コンクール」の応募作品になる。そのなかでは、私の言った「感想をそのまま書いた」ものは優秀作品にならない。評価されない。評価されるのは、ある種の「型」を持っているものである。この作品のここがすばらしい、そこを私は学んだ、それをこれから生きていく上で自分の指針としたい、というような。万感込めて「感動した。よかった」とだけ書いたようなもの、共感とともにあらすじを克明にたどった精密なもの、作品中のひとつのことばに触発されて主として自らの体験や信条をつづったもの、それらは評価されにくい。

先の生徒の質問は、そういう私の「嘘」を告発したものだったのではなかったか。読書感想文の課題は、若者に読書という行為を実際にさせはするが、読書好きの若者を作るのには、期待するほどには「役立ってはいない」のではないか。
以下、ひとつの作品を取り上げ、実際の授業の場面を想定して、具体的に考えを進めていくことにする。

3

今はほとんど教材化されることのない、芥川龍之介の『蜘蛛の糸』を、国語の教室で読んでみるとどうなるのだろうか。たとえば、次の部分について、

「こら、罪人ども。この蜘蛛の糸は己《おれ》のものだぞ。お前たちは一體誰に尋《き》いて、のぼつて來た。下りろ。下りろ。」と喚《わめ》きました。

その途端でございます。今まで何ともなかった蜘蛛の糸が、急に犍陀多《かんだた》のぶら下つてゐる所から、ぷつりと音を立てて斷《き》れました。

（以下本文の引用は『日本近代文学大系　芥川龍之介集』昭和四五年角川書店による）

・今まで何ともなかったのに、なぜ、喚いた「その途端」に断れたのか。
・なぜ、犍陀多のぶら下がっていたその上のところで（下のところでなく）断れたのだろう。
・だいたいあの細い蜘蛛の糸に、犍陀多ひとりでも無理だと思われるのに、なぜそんなに大勢の人がぶら下がることができたのか。

等々、何を質問してもいいという自由が保証された教室では、さまざまな疑問が出されるに違いない。ということ

は、そうでない教室においても、質問として表面化しない多くの疑問が子供たちの内に発生するはずである。果ては、犍陀多は蜘蛛なんかじゃなくて、象を助けてやればよかったのだ、そうすれば、丈夫な象の鼻につかまって地獄から脱出できたかもしれないのに、などという議論になるかもしれない。

むろんこれは悪い冗談である。『蜘蛛の糸』は、物語、つまり、虚構なのである。国語の教室では、物語以外に評論文や論説文や記録文なども読まれるが、それらと文学とは、まったく別の読みかたをしなければならないのである。

なぜ「その途端」に断れたのかというような質問は、してはいけない質問なのである。してはいけないというのは、禁じられているという、ルールの問題ではなく、その作品のリアリティが、そのような「現実的」な疑問を生じさせない力を持っているはずだ、ということである。もっと言えば、文学の授業もそのような力を持っていなければならないということでもある。

4

授業の本筋に戻る。

自分ばかり地獄からぬけ出さうとする、犍陀多の無慈悲な心が、さうしてその心相當な罰をうけて、元の地獄へ落ちてしまつたのが、御釋迦様の御目から見ると、淺間しく思召されたのでございませう。

ここでも、「自分ばかり地獄からぬけ出さうとする」のが何故「無慈悲な心」なのか、という疑問が出てくるに違いない。そもそもこの「蜘蛛の糸」は、蜘蛛を助けたという生前の善行にたいして、「出來るなら、この男を地獄から救ひ出してやらうと御考へに」なって、犍陀多だけのために御釋迦様が御下《おろ》しになったものなのである。

何氣《なにげ》なく犍陀多《かんだた》が頭を擧げて、血の池の空を眺めますと、そのひつそりとした暗の中を、遠い遠い天上から、銀色の蜘蛛の糸が、まるで人目にかかるのを恐れるやうに、一すぢ細く光りながら、するすると自分の上へ垂れて參るのではございませんか。

「まるで人目にかかるのを恐れるやうに」という感想は犍陀多の主観にすぎないにしても、「するすると自分の上へ垂れて參る」という事実は、あきらかに御釋迦様の意図によるものである。したがって、御釋迦様の意図まではいえな知り得ないまでも、犍陀多がその糸に縋りついて「自分ばかり地獄からぬけ出さうとする」のは、不当とはいえないのではないか。

ところで、この作品のいわゆる「主題」を尋ねると、子供たちは、先に引用した「自分ばかり地獄からぬけ出さうとする、犍陀多の無慈悲な心が、さうしてその心相當な罰をうけて、元の地獄へ落ちてしまつた」の箇所を容易に抜き出せるだろう。そしてそれはおそらく「正解」なのだろう。

その容易に到達できる正解とは、いったい何なのか。「自分ばかり地獄からぬけ出さう」として後からのぼってくる罪人たちに「下りろ」と喚くことが、ほんとうに「無慈悲な心」なのかどうか。この点については先に述べた。話の展開からいえば、喚いた途端に糸は断れるのだが、それはいわば結果論で、大勢の追尾者を発見した時点での犍陀多に、ここで喚いたら糸が断れるかもしれない、という判断をするべきだったとか、他の罪人たちも自分と同じように地獄から脱出したいに違いないのだから、一緒に助かろう、今まで何ともなかったのだから、このままで大丈夫だろう、というような「慈悲心」を持ち、喚かないでおくように判断すべきだったなどという要求は、読者のわれわれにできるのだろうか。「自分一人でさへ断《き》れさうな、この細い糸が、どうしてあれだけの人数《にんず》の重みに堪へる事が出來ませう。」との判断が、「無慈悲」だとか間違いだとかいえるのだろうか。

そもそも道徳とは何か。自分ひとりだけで生きているのではないこの世の中で、今のことばで言えば、どのようにして他者と「共生」していくか、そのための共有すべき知恵、とでも一応定義できようか。したがってそれは、理念であると同時に、生きていくうえで役に立つもの、語弊を承知で言えば、「実用的」なものでなければならないはずである。芥川自身、やや彼特有の諧謔ないしは皮肉が過ぎるキライはあるが、「道徳は便宜の異名である。『左側通行』と似たものである。」(『侏儒の言葉』)と言っている。

作品に戻る。理念としては、「自分ばかり地獄からぬけ出さう」というのが「無慈悲な心」であること、これは確かに「正解」であろう。しかし、その例として語られているようにみえるこの作品の示す状況は、その「正解」を「容易」に導き出すだろうか。言いかたを換えれば、この作品の読みが、「左側通行」に類する実用の「便宜」としての「道徳」として、右のような結論を生み出すだろうか。

結論的に言えば、否であろう。「慈悲」をこの状況で犍陀多に要求することは、誰が考えてもいささか無理であるように思われる。にもかかわらず、読者が右の「主題」に「容易」に達し得るということは、敢えて言えば、その際に行われた「主題」抽出作業が空疎なものだったと言うことだ。観念的だったということだ。したがって、導き出された「主題」が「実用的」なものではない、ということだ。小学校学習指導要領、道徳の「指導計画の作成と各学年にわたる内容の取扱い」には、「道徳教育を進めるに当たっては、(中略)道徳教育の指導内容が児童の日常生活に生かされるようにする必要がある。」とされている。

5

筆者はここで、作品論を展開しようとしているわけではない。名作『蜘蛛の糸』の価値を貶めようというわけでもむろんない。文学というものは、論説文や記録文を読むようには読めないし、道徳として読むことも不可能、ないしは不適切ではないかという、常識を、言いたいだけである。

見たように、日常の論理を適用すると、いくつかの文学作品は即座に破綻する。蜘蛛の糸に人間がぶら下がれるわけがないのである。一方安易に道徳律を導き出し得ても、それは頭の中だけで行われる観念操作にすぎない。

犍陀多は「浅間しく」も「無慈悲な心」をもってこのような行動をしてしまったのだが、もしあなただったら？

次に、多くの教室で発せられるであろう、このような設問について考えてみたい。

解答例その一。

「わたしだったらそうはしない。自分だけ助かるようなことを考えるのはよくない。だってそのせいで、犍陀多は自分自身も助からなかったじゃないですか」。犍陀多否定、言いかたを換えれば、犍陀多を反面教師にしての自己肯定である。自分はこんな人間ではない。

　こういう答は、美しい。誰も否定できない。しかし、今までも述べ来ったように、この種の結論は、作品の細部の綿密な読みを積み重ねていった結果得られたものとは言い難い場合が多い。こういう生きかたは認めたくないという感情的な反発か、あるいは、果敢な走塁をした走者にたいして、それが成功した場合には「好走塁ですね」と褒め、失敗した場合には「暴走でしたね」と評する、凡庸なスポーツ評論家によく見受けられるような、結果を見ての訳知り顔の評論か、どちらかである。大抵は空疎であり、観念的であり、実際にそのような状況に直面した場合に、ほんとうにそのように行動する（実用になる）かどうか、疑わしいと言わざるを得ない。ごくわずかにそういう聖者がいるかもしれないこと、そういう理想が実現すればこの世がほんとうにすばらしいものになること、それまでを否定するつもりはないが。

解答例その二。

「わたしも残念ですがまったく犍陀多と同じです。だから犍陀多のやったことについてあれこれいうことは、わたしにはできません」。これは逆に自己否定であるが、こちらの方は若干検討を要する。

トルストイの言いかたに倣えば、「自己肯定はどれも似たものだが、自己否定はいずれもそれぞれに自己否定である」。「いずれもそれぞれに自己否定である」とは奇妙な文だが、自己否定は一様ではないということである。これまたはなはだ熟さない言いかただが、大きく分けると生産的自己否定と非生産的自己否定とがあるといえようか。

非生産的自己否定とは、完全な自己否定で、そこで完結してしまい、文字通り何も生み出さない生み出し得ないものである。ある作品の読後の感想を尋ねたとき、登場人物の言動と自分とを比較して、「〇〇は偉い。わたしにはとてもできない」というひとつの答えかたがある。伝記もの英雄ものやそれに類する作品の場合など、その答は「模範的な型」になる。他に言いようがない、とも言えるし、そう言っておけば誰も文句を言えない、ということもある。これは登場人物に異化した場合で、『蜘蛛の糸』の場合は逆に同化した場合だが、いずれも往々にして深い読みや沈潜に支えられない情緒的で浮薄なものであったりし、思考はそこから展開していかず自閉してしまう可能性が大きい。

「あなたならどうする?・」という問にたいして、完全な自己肯定も完全な（非生産的）自己否定も、実際にはそう多くはないだろう。多くの人は「わたしなら……」と口ごもってしまうのではなかろうか。「わたしなら……」の「……」は、ことばにして言えば、犍陀多のようにしたくはないし、犍陀多のようにするべきではないとは思うが、やはり、犍陀多と同じ行動をとってしまう……かもしれない、というようなことであろう。自分は、犍陀多と同じだと思いたくはないが、同じかもしれない、同じかもしれないが、同じだとは思いたくない。作品を読み込み、犍陀多と向き合い、犍陀多の中に自分を見てしまう苦しみを味わいながら口ごもってしまうのである。

犍陀多の中に自分を見てしまうということでいえば、これもニュアンスとしては自己否定ではある。しかし先の完全な自己否定と違うのは、読みがすっきりと完結しないのである。きれいな言葉で言えば、作品の最終行を読み終えたときに、何かがそこで完結するのではなく、そのときから何かが始まるのである。生産的自己否定という所以である。

犍陀多の行為はむろん正しいとは言えない。だからといって、誰も犍陀多を責めたり裁いたりはできない。一部始終を見ていた御釋迦様は、「やがて犍陀多が血の池の底へ石のやうに沈んでしまひますと、悲しさうな御顔をなさりながら、またぶらぶら御歩きになり始めました。」とあるが、読者もまた「悲しさうな顔」をして考え込むしかないのである。

6

現今、文学教育の評判は、けっしてよくない。学習指導要領においても文学教育に言及する度合いは確実に減少してきているし、国語教育学者でも、たとえば渋谷孝氏などの厳しい指摘、提言がある（『文学教育論批判』一九八八年明治図書刊）。

ただ、渋谷氏の場合は、文学作品そのものが教育的意味を持っていないとか、国語の授業で文学作品を扱うべきでない（あるいは、減らすべきだ）というような御意見ではなく、従来の文学教育（正確に言えば「文学教育論」）が持っていた、思い上がり、独善、偏狭を衝いたものである。「私にとって文学作品は、《毒を含んだ魅力のあるもの》であるという思いを捨てることができない」という率直な告白にみられるように、誠実で且つ説得力のある論である。

さて、授業を受ける子供たちはどうであろうか。一部の文学好きはともかく、多くの子供たちはあまり好まないというのが実状ではなかろうか。そして、その好きではないということの理由の主要なもののひとつとして、おそらく「あいまいさ」が挙げられるのではなかろうか。数学のように正答がない。何を言っても、正しいのか正しくないのか、はっきり言ってくれない。その前に、何を言っていいのかがわからない。

たしかに、論理でつめきれないところが、最後に残る。蜘蛛の糸に人がぶら下がることができるかどうか、というような問題はともかくとして。

「人を殺したり家に火をつけたり、いろいろ悪事を働いた大泥坊」だったから地獄に堕ちた。しかし「たつた一つ、善い事を」したことがあったので、脱出の機会が与えられた。ところが本人だけでなく、他の罪人達もその機会に便乗して助かろうとする。それを見て蜘蛛の糸の第一発見者は、当の自分自身さえ脱出に失敗するかもしれないという危険を感じる。ここまではわかる。「論理的」に読んでいける。問題はその次の「下りろ。下りろ。」である。繰り返しになるが、このせりふ・行為にたいする当否の判断が、われわれを口ごもらせる。そして、われわれが判断に迷い、口ごもっているうちに、このせりふ・行為が原因で、物語も本人も急転直下カタストロフ、ということになるのである。

つまり、論理的に判断しきれないところで、われわれは口ごもるのである。これまた常識であるが、文学で扱われているのは、われわれの人生の問題、生き方の問題である。人生の各地点で、われわれは常に判断に迷う。右すべきか左すべきか。選んだ後も、どうして右を選んだのか。右を選んだのは正しかったのか。ほんとうは左を選ぶべきではなかったのか。右と左とを同時に経験することは不可能であり、それらはいずれも、「正解」の出ない問である。しかし選択は必ずその選択に伴う結果を将来する。自らの選択がもたらした結果を前にして、多くの場合、「悲しさうな顔」をして考え込むしかないのである。そして、「正解」が出ないとわかっていても、考えることをやめることはできない。

いま「文学で扱われているのは、われわれの人生の問題」だと述べた。これはまさにその字義通りのことが言いたいだけで、それ故に文学を国語教育の中で最重要視すべきである、と主張する意図のないことは先に述べた。それは国語教育が担うには大きすぎる問題だから背負うべきではない、と逃げるのはいかがか、と控えめに考えているだけである。

文学教材は、いくつかの国語教材の種類の中のひとつであり、それぞれの種類に固有の読解方法があるように、文学教材にも、それを読み解くために、たとえば「虚構」とか「形象」とかの固有の考えかたがあるということである。また、取り上げられている問題が、砂漠がなぜできるか、とか、フシダカバタがどのようにして餌を捕獲するか、というような綿密な観察や適切な実験によって正確な結論に達し得るような問題ではなく、人生や生きかたに関する、容易に明確な結論が得られないものが多いということである。このことをより正確に言い換えれば、結論を示すのではなく、問題を提示することが目的である場合が多い、とも言えよう。『蜘蛛の糸』という作品も、犍陀多の行為やそれに起因する結果を示すという形をとってはいるが、その「結果」は、芥川の結論ないしは主題というよりも、その結果を含めた作品全体を通しての、いわばエゴイズムというものに関する、ひとつの問題提起になっている、と考えるべきであろう。

思いつくままにいくつかの教材を挙げてみる。新美南吉の『ごんぎつね』、兵十はなぜ確かめもせずにごんを撃ってしまったのか。木下順二の『夕鶴』、与ひょうはなぜ約束を破ってのぞいてしまったのか。ヘッセの『少年の日の思い出』、少年はなぜエーミールの蝶を盗んでしまったのか。中島敦の『山月記』、李徴はなぜ家族のことを考えずに詩作に耽ってしまったのか。森鷗外の『舞姫』、なぜ豊太郎はエリスを捨ててしまったのか。夏目漱石の『こころ』、なぜ先生は友人Kを裏切ったのか。等々。

7

自責の念とともに思う。われわれ教師は、ことばを要求しすぎてはいないだろうか。読んだ以上何か感想があるだろう。何でもいい、何か言えるだろう。何も言えないということはないだろう。口ごもる若者にたいして、きちんと読んだのかという不信感をいだきながら、われわれは迫る。ほんとうにわかるということは、それをことばで表現できるということだ、という信念(?)がある。

じつは、教師にとってそのとき必要なのは、口ごもる沈黙のメッセージを読み取る能力なのではないだろうか。少なくともそれを認める寛容であり、辛抱強く待つ忍耐ではないだろうか。

きれる、むかつく、いじめ、暴力……それらに共通の根は、ひとことでいえば、ディスコミュニケーションということであろう。正常なコミュニケーションが成り立たなくなったとき、そのようなせりふや現象が現れる。このたび小学校の学習指導要領で、国語の「目標」の中に、「伝え合う力を高める」という文言が入ったのも、そういった認識を反映したものではないかと思われる。

むろん「伝え合う」中心的手段はことばであり、具体的な指導内容としては、「知らせたい事を選び、事柄の順序を考えながら、相手に分かるように話す」「大事な事を落とさないようにしながら、興味をもって聞く」（何れも、第1学年及び第2学年の「内容」）ということになるのであろう。

しかし、「伝え合う」つまり伝達の手段は、ことばだけではない。いわゆるノンバーバルなものもけっして少なくない役割を担っている。また、発達段階や個々の性格によっては、必要且つ十分なことばが未成熟である場合もある。たとえば、「おはよう」「ありがとう」というようなごく単純な挨拶のことばでも、必要なときに適切な使いかたで用いられるためには、相応の訓練や成熟を、場合によってはそれなりの勇気すら要するものである。われわれはスムーズな発語を期待、指導すると同時に、それを助ける雰囲気、場の醸成にも心を配らなければならないのではなかろうか。そして、未成熟の段階においては、ことばに代わる笑顔、うなずき、さらには、恥じらいや口ごもりをも受け入れ、認めるべきであろうと思うのである。

教育における諸問題に関して、その原因や解決法について考えるとき、少なくともわれわれ教師は、親や社会や政治といった他者の非を論ずるのではなく、まず第一にわれわれ自身の仕事のなかみの検討やわれわれの責任について考えるべきだと思う。そして、その後にあるいはそのことを通して、次には、子供たちにも、今述べた、沈黙のメッセージを読み取る能力、それを認める寛容、辛抱強く待つ忍耐を育てたい、と思う。そのために文学教育がなにがしか役立つのではないか、というのが本稿にこめた筆者の思いである。

実際には、子供の沈黙が、単に怠惰な思考停止であったり、頑なな対話拒否の姿勢である場合も少なくない。一方、「優等生」からの性急な「正解」要求という圧力もけっして弱くはない。そういう状況の中で、沈黙のメッセージを読み取るということは、甘やかしになってしまう危険をも確かに持っている。多忙を極める日常の中で、沈黙を認める寛容や辛抱強く待つ忍耐は、許されにくいことかもしれない。しかし、効率最優先を志向すること、及びそこから来る多忙さこそが、おそらく、さまざまな問題を引き起こす根本的な原因のひとつになっているということも、これまた疑い得ないことであろう。

個人的なことだが、筆者が教育や授業について何か言うと、「大学の先生は、現場のことはあまりご存じないから……」と、時々言われる。この口ごもり「……」は、「だからそんな甘っちょろい寝言みたいなことが言えるのだ」というようなことであろうか。たしかにそのとおりだから反論しないことにしているが、ただ筆者もそのとき次のようなことを「……」と口ごもる。その「……」の内容は、「これは経験した者にしか分からないことだという経験絶対主義に誤りは無いのか」「わたしも以前かなり長期間中学校や高等学校の教壇で苦労した経験があるのですが、その反省に立って言っているつもりです」「大学だってれっきとした〈現場〉です。本稿で述べたようなことは、むろん大学と無縁のものではまったくありません」、というようなことである。

8

最後に、どうしても避けて通れない問題として、評価の問題がある。「口ごもり」を点数評価することは不可能である。

筆者の属している大学がまず改めなければならない、大学入試そのものが点数評価の教育のいわば諸悪の根源になっているという事実を認識した上でのことだが、筆者の感想を以て本稿の結びとしたい。

大学生の基礎学力低下とか学生間の学力差ということが最近問題になっているが、筆者は実はそのことを痛切に感じたことがない。長かった中学校・高校教師の時代には日々その問題について悩んでいたのに、である。

具体的にいうと、たとえば、筆者は今、「近世文学演習」という題目で、芭蕉の高弟宝井其角の発句を読んでいる。四月の授業の始まりに、各学生に其角の発句を二句ずつ与える。学生は、うち一句を演習という形で授業中発表し、残りの一句をレポートとして提出する。つまり、各学生は、発句一句を半年間かけて調べ、考え、発表するのである。句の成立時期の推定、当時の歳時記による季語・季節の確定、出典による句型の異同の検討、従来の諸解の博捜と検討、参考資料の探求と整理、新たな解釈の提示等々、演習のためのレジュメや、提出されるレポートは、厖大なものになる。そのうちのいくつかは、現在の研究水準を超える場合もある。

重要なことは、それに取り組む過程で各自が、より正確で豊かな読みに到達するために、ひとつひとつの古語の意味を辞書を参考にしながら自分の力で考え、必要な文法事項を復習・整理し、類似の発想を求めて芭蕉や他の作品を読み、歴史的背景を知るために何冊もの本を読み、いろいろな所へ出掛けいろいろな人に教えを受ける、等のことである。

最後に評価は、むろんする。しかしそれは、到達点の高さ、深さ、解釈の正しさではなく、やるべきことを手を抜かずにやり、見るべき資料を捜し求める誠実さや、原典を見ないで孫引きですませたり、出典名を明記せずに自分の考えのように見せたり、自分で読めない字や誤字を平気で書いたりするような、いわば礼儀に関する点を主として咎めるようにしている。つまり、結論ではなく、結論を求める方法や態度を重視することにしている。結論は取り組む作品（発句）によって、いい形のものが出る場合とそうでない場合とが、当然あるからである。

学生にとってはけっして楽な授業ではないようだが、その後の卒業論文の制作や、就職活動、卒業後のさまざまな仕事に取り組む中で、つまり生きていく上で、何程か「役に立っている」のではないかと、自画自賛ながら思っている。其角の発句が、直接に人生いかに生きて行くべきかということを主題にしているというわけではないが。

このようなものが、高等学校やそれ以前の学校の教室で、実際に取り入れることができないという現実は、もちろんよくわかっている。本稿を草するにあたって筆者が考えていることは、大学以前の教育にたいする批判ではまったくない。「学力差」に大学が困っていることは事実だとしても、それを作り出すシステムの根本は大学自身が「入試」という形で作りだしたものである。一時間なら一時間という、決められた時間の中で、辞書や参考書や他の人の助言やそういうものを一切借りずに、自分の頭の中に記憶した知識の量だけで測定するという「学力」は、生きていく上で、ほんとうに「役立つ」ものなのかどうか、そういう自戒の思いである。

社会の中では、人生いかに生きて行くべきかという重い主題をもとにして、自分の頭でしっかり考え、さまざまな先人に学びながら、多くの人々と力を合わせる、そういう能力こそが大切なのではないか、と考えているのである。

Ⅱ　文学教材の考究

その一　魯迅の場合

二　魯迅『藤野先生』の執筆意図

1

中学校における『故郷』ほど圧倒的ではないが（『故郷』は、現在中学校用国語教科書を発行している五社すべてに採られている）、高等学校において『藤野先生』も、他の魯迅作品に比べて、教材化される機会が多い。その『藤野先生』を教材化したある教科書は、〔学習のために〕という手引を付けて、その最初に、次のような問を設けている。

この作品は、魯迅が、特に日本人に読まれることを望んでいたものである。そのことを頭に置いて、次のことがらを話し合ってみよう。

1　藤野先生は、どういう性格の人だったか。
2　魯迅は、どのような性格の人だったと思うか。
3　藤野先生は、作者の心に、どのような教訓を残したのだろうか。また、文中のどの部分にそれが現れているか。

1〜3の小問のことは暫く措く。その前提としての「この作品は、特に日本人に読まれることを望んでいたもの」とは、いったいどういうことか。

このような受取りかたは、この教科書の編集者だけでなく、かなり一般的なものであるが、その原因は、この作品のわが国への最初の紹介のされかたにある。よく知られていることだが、一九三五年岩波書店刊『魯迅選集』所収の『藤野先生』には、訳者増田渉による次のような「付記」がある。

「魯迅選集」を出すに際して、如何なる作品を選ぶがよいかと、一應魯迅氏の意見をきゝ、合せたところ、適宜に選んでもらってよい、だが「藤野先生」だけは是非入れてもらひ度いといふ返事であった——

そして、魯迅の「返事」とは、次のようである。

（前略）私には別に入れなければならないと思うものは一つもありません。併し藤野先生だけは訳して入れたい。范愛農の書きかたはうまくもないから割愛した方がよかろう。（後略）[1]

「私には別にいれなければならないと思うものは一つもありません。併し藤野先生だけは訳して入れたい。」→「『藤野先生』だけは是非入れてもらひ度いといふ返事であった」→「この作品は、魯迅が、特に日本人に読まれることを望んでいたものである」。この変化には、曲解とまではいわないにしても、一種の増幅——伝聞・伝播の過程に起こりがちな、がある。

その出発点になった魯迅の返事は、それぞれ異なったレヴェルの次の三通りの解釈が可能である。

第一は、作品の出来栄え、つまり作品評価のレヴェルから『藤野先生』を推した、という解釈である。書簡後段の『范愛農』を推さない理由が「書きかたはうまくもないから」となっている。

なお、書簡中、この二つしか作品名が出ていないのは、やや不審ではある。魯迅に「き、合せた」増田渉の書簡を見ることができぬ以上、推測の域を出ないのだが、増田は、魯迅の全作品の中から何を訳載すべきかときいたのではなく、かなり限定した形で（たとえば、『藤野先生』『范愛農』を含む作品集『朝花夕拾』の中から何を選ぶべきか）きいたのではないか、そういう可能性もある。(2)

第二は、『藤野先生』の日本での翻訳出版が、数年前から探索している藤野先生の消息を知るための、手がかりになるかもしれないという、きわめて現実的な目的によるという解釈である。(3) これが唯一あるいは最大のものであったとすることは不可能だが、副次的なものであったにしろひとつの目的であったろうことは、じゅうぶんに考えられる。

そして第三は、この時点で（魯迅が増田に「返事」を書いた、一九三四年十二月）、魯迅がこの作品を日本人に読んでもらいたいという、希望、期待を持っていた、という解釈である。これは、当時の魯迅をとりまく状況、日本と中国との関係等から出てくる、大ざっぱな言いかたをすれば、政治的レヴェルでの解釈である。

したがって、「この作品は、魯迅が、特に日本人に読まれることを望んでいたものである」と言うためには、先に述べた政治的レヴェルの諸問題を分析する中で、「返事」にこめられた魯迅の意図を明確にすることが、当然、不可欠の前提になるはずである。

これらの作業を経ずに、「特に日本人に読まれることを望んでいたもの」という枠組みを、無前提に与えられた教室（読み）は、どのようなものになるか。そのような、無前提に与えられた枠組みを「頭に置いて」、「藤野先生は、作者の心に、どのような教訓を残したのだろうか」と展開される授業とは。

しかし本稿は、魯迅の「返事」の真意を明らかにしようとするものではない。そこに至る基礎作業の第一歩として、この作品の執筆意図について考え、ひとつの仮説を提出したいと思う。

『藤野先生』が執筆されたのは、魯迅自身が明示しているように、一九二六年十月十二日、厦門においてである。魯迅が増田に「返事」を書く八年余も前のことである。状況もまったく異なっている。少なくとも、この作品執筆時点において魯迅は、その読者として日本人を、予想も期待も、おそらくは、まったくしていまい。

自明と思われることをことごとくし述べたてるのは、最初にあげた教科書編集者の、「特に日本人に読まれることを望んでいたもの」が、教室においては、「日本人に読まれることを望んで書かれたもの」と取られはしないかと危惧するからである。

根拠も示さずに「望んでいた」とし、そのうえ、「望んでいた」のがいつの時点でのものかも明示しないやりかたは、右の誤読を誘導するためのものであるというのはやや悪意に過ぎるとしても、少なくとも、不用意であるとの譏りは免れないだろう。

2

『藤野先生』が書かれたのは、前にも述べたように、一九二六年十月十二日、厦門においてである。一方、作品の中で扱われている時間は、仙台医学専門学校に入学する一九〇四年九月から、同校を中途退学する一九〇六年三月までである。

魯迅自身が述べているように、(4)この『藤野先生』は、純粋な創作ではなく、いわゆる「回憶」(5)なのだが、実際の出来事とそれが回憶される時点との間には、二十年間という時間が経過している。この長い時間について、竹内好の次のような解説がある。

> （仙台を）立去ることは魯迅の側からの問題の解決であり、それによって「藤野先生」の読者は納得する。わが魯迅がこの解決を得るまでには、つまり「藤野先生」が書かれるまでには、屈辱が愛と憎しみへはっきり昇華して回顧されるための長い生活の時間が費されているのである。(6)

まず、回憶という作用についての一般論。過去においてはさまざまな諸事実が継起したはずだが、時を経て、そのうち、何が選択して回憶されるか、また、どのような形で回憶されるか、などの問題について考えていこうとするとき、竹内の言うように、事実と回憶との間の距離、時間の長さだけをその要因として考えるというのでは、じゅうぶんとはいえないのではないか。それに加えて、回憶される時点が持つところの固有の状況というものをも、考慮に入れなければならないのではないか。かつて渦中にあったなまなましい事実が、後にある意味付けを伴って回憶される（作品化される）ためには、一定の時間の経過が必要であるのは無論であるが、同時に、その時点で回憶作用を起動させる契機ともいうべきものの存在も必要ではないか、そういうことである。

　具体的に述べる。

　仙台における一年半の生活が回憶された（作品化された）のは、実はこれが最初でも唯一でもない。以前に一度だけだがあった。一九二二年十二月三日、北京で書かれた『「吶喊」自序』がそれである。

　その中で、魯迅は、父親の死に際して少年時代に経験したところの漢方医の欺瞞性を語り、それに、日本の明治維新の原動力の多くが西洋医学の知識に負っていたという認識とが加わって、それらが仙台行きの原因になったこと、しかし途中でその医学を捨て、東京に戻り文芸に志すことになったこと、その経緯を記している。

仙台退去の理由としては、いわゆる「幻燈事件」が書かれているのだが、不審というか、注意すべきは、そこでは、その「幻燈事件」しか書かれていず、もうひとつの「いやがらせ事件」(「カンニング事件」とも)にはまったく触れられず、したがって、藤野先生の名前が作中一度も出てこないことである。このことは何を意味するのか。

人は自分にとって必要なことしか覚えていない。今、に直接関係することしか思い出さない。そういう常識論を適用して、一九二二年『「吶喊」自序』執筆時には魯迅は藤野先生のことを思い出さなかった、そう言いたいのではない。そのとき彼が、藤野先生のことをまったく書かずに「幻燈事件」だけを書いた、「幻燈事件」だけを選択して書いた、そのことの意味を考えたいのである。

大まかにいえば、『吶喊』は、仙台退去後東京での文芸運動が挫折し、その後の長い文学的沈黙を経て、一九一九年ようやく友人の強い慫慂によって書いた『狂人日記』以下十五篇の中短編小説を収め、一九二三年八月北京で出版した、最初の本格的作品集である。

つまり、これもまた大まかないいかたになるが、最初の本格的作品集の序文に記すべきことがらとしては、医学から文学へという転進の契機となった「幻燈事件」こそ大きな意味があり、逆にいえば、それだけを記せば十分だったのである。

そういう考えかたでいけば、次には、一九二六年という時点において、同じく仙台時代を回憶するのに、「カンニング事件」、藤野先生のことを選択して取り上げたのには(『藤野先生』には、「幻燈事件」についても触れられているが、きわめて簡単にである)、いったいどのような理由があったのかが問われなければならない。

あまり急いではいけない。何故「カンニング事件」かよりも、何故仙台時代なのかの問題のほうが先である。

筆者の考える仮説の第一段階はこうである。魯迅が厦門に来たのは、『藤野先生』が書かれる一か月ほど前のことだが、その厦門という新しい土地が、魯迅に、仙台を思い出させたのではないか。もっとはっきりいえば、厦門は、魯迅にとって、かつての仙台と同じような土地に感じられたのではないか、ということである。

第一に、厦門も仙台も、魯迅にとって特に選んだ土地ではない。それぞれに、文学史研究、医学修学という目的はあったが、そのためにそれらの土地でなければならないという必然性は、何れの場合も、ない。

というよりむしろ、北京・東京という大都市を離れて、どこか地方へ行く、こういうことのほうに意味があった。当時の北京は、軍閥混戦のまさに只中にあり、魯迅自身その中で、逮捕や生命の危険すら感じるほどであった。一方当時の東京も、多くの清国人留学生が集まり、革命騒ぎで沸騰、魯迅もその渦中にあった。そういういわば政治の嵐からしばらく身を避ける、脱出するということのほうが主目的であった、とも考えられるのである。

第二には、第一の理由から考えて当然の帰結ともいえることだが、そのようにしてやって来た厦門にも仙台にも、魯迅はかなり早い時期に幻滅しているのである。（結果からいえば、仙台は一年半程、厦門での生活はさらに短く、わずか四か月半で終わっている）。

その様子を、魯迅自身のことばから見てみる。

まず仙台。仙台到着後一か月にしかならぬ一九〇四年十月八日、魯迅は同郷（浙江省）の友人蔣抑卮に宛て手紙を書いている。(7) そこから、仙台にたいする印象を記した部分を抄出する。

・ひとり仙台に移ってもうまるひと月になります。自分の影法師とでは話にもならず、無聊をかこっておりましたところ……

・日本の同級生が少なからず訪れますが、ここのアーリア人ともまったくつきあいたくありません。

・こちらはたいへん寒いです。ひるには少し暖かくなりますが。風景はまあ佳い方ですが、下宿はまったくひどいものです。（中略）前は人の声がうるさく、後からは日が射します。毎日食べさせるものときたら決まって魚ばかりです。
・同校の待遇はまあよい方です。校内の扱いはよくもわるくもないといったところです。
・仙台は長雨が続き、今ではもう晴れましたが、はるかに故郷を思うと、やはり長く寂寞たる想いが消えません。学校の勉強は暗記にうるさいばかりで思索を要しません。いくらも勉強しないうちに頭がこちこちになってしまいます。四年たてばおそらくでくの坊みたいになってしまうでしょう。

次に厦門。厦門の場合は、到着したその日（九月四日）にもう許広平宛に手紙が書かれるなど、資料は多い。

・四日午後一時に厦門に着きました。（中略）ここは、山を背に海に面して、風景絶佳、昼は暖かいけれども――約八十七、八度――夜は涼しい。周囲にはほとんど人家なく、市街から約十里あり、静養にはもってこいですが、ふだん日用のものも買いにくい。小使はきわめて怠け者で、仕事もできなければ、やろうともしない。

（九月四日　許広平宛）

・いま、ざっと観察したところ、我々の推測とは、すこぶる懸けはなれたものだとわかりました。（中略）わたしの進退は、いずれそのときになったら決めます。
ここは、風景はすばらしいが、食べ物はじつに悪いし、言葉もさっぱりわかりません。学生はわずか四百人。寄宿舎には、京劇や胡弓の音が鳴りひびき、むりやり聴かされるので気がめいっています。市内からは約十余里で、世間にはすこぶるうとい。

（九月七日　許寿裳宛）

・新学期は二十日で、六時間授業があるので忙しくなります。だが、まだはじまるまえなのでずいぶんのんびりしていて、いささか退屈でかえって早くはじまって、そして契約の年限が早く満期になればいいと思ってい

ます。（中略）

ここは四方に人煙なく、図書館に書籍多からず、いつもいっしょにいる人はまた、「顔は笑うも心は笑わず」で、何も話をすることがなく、まったく無聊の極みです。

（九月十二日　許広平宛）

ところで、『藤野先生』の冒頭はこうである。

東京も同じことだった。(8)

この一文、少年時代から順を追って書かれた回憶集『朝花夕拾』の中で読めば、『藤野先生』のすぐ前の作品である『追想断片』とのつながりから、魯迅が来日前に過した南京と比較しているのだと理解できる。しかし、『藤野先生』だけを単独で読む場合は、少し困る。別にどこと比べてということでなく、何とはなしの倦怠感を表している。そういうやや苦しまぎれの解釈になるのだろうか。そしてその「何とはなしの倦怠感」は、留学来日にたいする幻滅を表していることになるわけだが、同時に、作品全体の情調に即していえば、東京の次に住むことになった仙台での生活のそれも、加わっているように思われる。

さらに、作品を執筆している時点での魯迅の心理状態に即していえば、北京を脱出してこうしてやって来た厦門の印象も、遠く微かに影響しているようにも思われるのだが。「東京も同じことだった」と書きつつ、作者の心中に、「厦門も同じことだった(9)」という思いがよぎらなかったか。これは推測というよりも、仙台と厦門の類似に目を奪われすぎての、妄想というべきかもしれない。

では次に、なぜ、仙台時代の思い出の中でも特に藤野先生のことが「回憶」されたのか。

このことについて考えるためには、この作品が持っているひとつの奇異な点について、あらかじめ触れておく必要がある。

作品の末尾、仙台時代藤野先生が毎週のように手を入れてくれた講義ノート（「いやがらせ事件」の因となったもの）を、永久の記念として保存していたのだが、七年前の転居の際にそれを運送屋が紛失してしまったということを記したあと、魯迅は次のように書いて、この作品を結んでいる。

ただ先生の写真だけは今でも私の北京の寓居の東側の壁、机の正面にかかっている。いつも夜になって疲れが出、ひと休みしようかと思うとき、顔を上げて、灯りの中の先生の浅黒い痩せ形の顔が、今にもあの抑揚のある口調で話しかけてきそうになるのを見ると、私は俄然良心に目覚め、勇気が満ちてくるのを覚える。そこで、やおらたばこに火をつけ、「正人君子」の輩の憎悪の的となっている文章を書きつぐのである。

作者はいま北京にいる、北京でこの作品を書いた。読者は誰もがそう思う。「北京の……」とわざわざ記している点に、若干の不自然さはあるにしても。

しかし、魯迅はいま厦門にいる。厦門でこの作品を書いた。これらのことは動かしがたい事実である。この矛盾をどう考えるか。

3

あるいは反論があるかもしれない。この作品は、記述の正確さが求められるような記録や報告ではない。回憶とはいえ、広い意味で、文学作品である。したがって、このようなことは、ことさら矛盾として言挙げする必要も意味もないし、奇異とするに足りない。それに、この作品の中心的話題は、すでにこの直前の段落までで十全な形で完結しており、引越中のノート紛失の件、および藤野先生の写真の件は、いわば付記の如きものにすぎない。

たしかにそうである。「北京の」という虚構とも言い得ぬくらいの見えすいた作為、言わずもがなの「『正人君子』の輩の……」。

しかし、さきほど、奇異とか矛盾とかいったが、いいかたを換えれば、そういったきわめて単純な作為、蛇足とも思われる部分だからこそ、そこに筆者は、ある種の意味、魯迅の思いを、感じるのである。

そこで仮説の第二段階だが、魯迅は、厦門到着からこの作品執筆にかけての一か月間、論敵である北京の（そして、それにつながる厦門の）「正人君子」たちにたいする憎悪や敵愾心を、再び、募らせていっていたのではないか。あるいは、それが執筆の動機になった、とすらいえるのではないか。そして、そういう意識が、このようなやや不自然ともいえる形で、作品の最後のところに露出することになったのではないか。

簡単な年譜を眺めるだけでもわかることだが、一九二四年の年末から、二五年、二六年八月の北京脱出までの一年半余は、魯迅の波乱に満ちた生涯の中でもとりわけ激動と論戦の時であった。北京女師大事件、三・一八事件とつづく中で、教育部僉事の職を罷免され、それを裁判闘争によって撤回させ、さらには危険教授として逮捕令が出され、そのために各所に避難の後、一九二六年八月二六日に、ついに、北京を離れる。

その間、魯迅は、主として『華蓋集』『華蓋集続編』に収められることになる六十篇もの「雑感文」を書く。主要な論敵は、雑誌『現代評論』によっていた、北京大学教授陣源、胡適、教育総長章士釗など、魯迅によって「正人君子」と皮肉をこめて呼ばれている人々であった。

事件や論争の詳細は省略に従うが、結局は、この血みどろの闘争から身の安全を守るために、魯迅は、許広平とともに北京を離れ、戦線をひとまず離脱するのである。その当時の心境をうかがわせる書簡がある。

いまでも文章は書いていますが、「文章」というより「罵倒」と言った方がよいでしょう。だが実際とても疲れます。少し休みたい。今年の秋にはどこか他の所へ行くかもしれません。場所はまだ決まっていませんが、たぶん南方になるでしょう。目的は、一つはもっぱら教師をして、他のことはかまわないようにするため（だがこれも怪しいもので、おそらく相変わらず口を出すでしょうが）。二つは、何文かかせいで家計の足しにするため。印税だけではやっぱり足りないからです。家族は動かず、ぼく一人が行きます。期間は短くて一年、長ければ二年です。そのあとはやはりにぎやかな所へ行って、例のごとくひっかきまわすつもりです。

（一九二六年六月十七日付　李秉中宛）

同じ頃に（四日前の六月十三日夜）書かれた、許広平宛書簡にも、「だが、わたしは一切を忘却し、しばらく休んだのち新たにやりなおすことができます。たとい以後の運命がかならずしも過去より勝るとはかぎらないことを知ってはいてもです」という一節がある。

何れも、北京脱出の二か月余り前のもので、まだ厦門という具体的な地名などが出てこない時期のものであるが、闘争の激しさからくる疲労感、一時休戦休息への願望などが、ごく親しい人たちに宛てたものだけに、よく表れている。

しかし、魯迅の休息願望は、叶えられなかった。厦門到着と同時に幻滅が始まっていることは前に述べた。そのときに引いた、親友許寿裳への書簡では、食べ物や言葉、騒音など、厦門という土地のいわば風土にたいする不満だったのが、それから一か月ほど経過した十月四日付の同じ許寿裳宛の書簡には、次のような記事があり、その中身、対象が変化してきていることが知れる。

学校はすこぶるいい加減で、創立いらい現在まで、一貫した計画がない。（中略）国学院のなかで、陣源に心服している顧頡剛が引っぱってきた者は、五、六人の多きにのぼっており、前途は推して知るべしです。女師大の元職員だった黄堅もこの大学でのさばっているが、彼をここへ呼びよせて、何をしようというのでしょう。

戦闘を逃れ、一時の休息を求めてやって来た厦門にも、「正人君子」がいたのである。しかもそれらは、皮肉なことに、北京の「正人君子」たちと、はっきりとつながっていたのである。

許広平への手紙の中では、この点についてより詳細に報じられている。『藤野先生』が書かれる十月十二日までの中から摘記してみると、幻滅から憎悪に変わる様子が、はっきりと見て取れる。

九月二十日付

国学院のなかでは、朱山根が胡適之の信徒で、ほかにもまだ二、三人いますが、みな朱の推薦のようで、彼と大同小異、そして、もっと浅薄です。（中略）以前、女師大で事務員をしていた白果は、職員兼玉堂の秘書だが、同じように浮わついて誠実でない。将来、騒動の種になるかもしれない。

九月二十五日付

厦大の国学院は、見れば見るほどだめです。朱山根はただ胡適、陣源の二人しか佩服する者はいないと自称している。そして、田千頃、辛家本、白果の三人は、みな彼が推薦して引き入れたらしい。（中略）こいつらとは仕事はやれない。でなければ、何も厦門くんだりまで来ることはないのです。

九月三十日付

こちらが呼んだ教授は、わたしと兼士のほか、朱山根がいる。この人物は陣源の類だとは、まえから知っていたが、いま少し調べてみて、彼が手配りした羽翼がなんと七人もいる。（中略）彼はもうわたしを排斥しはじめており、わたしが「名士派」だという。笑止だ。

十月四日付

校長は尊孔で、わたしと兼士にはまだ何もしないが、たくさん銭をつかったので、効果をあげることに汲々としていて、まるで、牛にいい草をやったのでミルクを搾らなければならない、といったあんばいです。

十月十日付

この地の生活はじつに無聊です。外省の教員は、一人としてながく腰をすえようという者はいません。兼士が去るのは、もちろんなんの不思議もないのです。

自らを守るためにやむを得ず応戦しなければならないときもあり、また、学生たちも、北京における魯迅の活躍を知っており、いろいろ相談に来たり、駆り出したりするのであった。

そのような状況のもとで、十月十二日に『藤野先生』は書かれたのである。その最後に「正人君子」のことについてひと言書いたこと、また、北京でのことのように装ったこと（主要な「正人君子」は北京にいるのだ）、それらの意味も、理解されるように思う。

さて問題は、このことと作品全体との関わり、つまり、何故この時点で、こういう状況下で、「いやがらせ事件」（それに直接関わる藤野先生）が選択して回憶されたのか、である。

仙台における二つの「事件」は、日本人の中国人蔑視という意識が底流しているという共通性はあるものの、その表れかたはかなり違う。「幻燈事件」――それを映写した教師、観て喜んだ学生達には、戦勝(日露)国民としての驕りはあるものの、いわばそれで無邪気にはしゃいでいるだけで、魯迅個人にたいする悪意や差別意識はない。というより、画面に登場しているのと同じ中国人が、ひとり、いま自分達と一緒に画面を見ている、そういう意識すらない。

それにたいして「いやがらせ事件」では、日本人学生の差別意識、およびそれに起因する悪意は、直接に魯迅に向けられている。名指しのものである。北京で、そして厦門へ来てからも、執拗に繰り返される個人攻撃と排斥策動とが、仙台時代の中でも、あの「いやがらせ事件」を思い起こさせたのではあるまいか。沈潜と勉学への期待が、中途で挫折したことの苦渋、挫折せしめたものにたいする怒りが、何れもかなり抑制された形でではあるが、表されている。

なお、仙台時代の青年魯迅にとって、「いやがらせ事件」のほうが衝撃が大きかった、と言いたいわけではない。「いやがらせ事件」だけだったら、魯迅は仙台を去らなかったかもしれない。しかし、それに幻燈事件が重なっては、彼は立去るより外はなかった[10]と竹内好が言うように、二つの事件が重なることによって(二つの事件は、魯迅個人の自尊心、魯迅を含む民族の自尊心、と、それぞれ異なった二つの層を撃ったともいえるか)、魯迅に、医学を捨てさせ、仙台を去らせることになったのである。

4

論争、闘争の地北京からの脱出、厦門行は、それまでとまったく違った生活を始めたいという、意図的に求められた（積極的に望んだものであったかどうかは別にして）、ひとつの転機であった。それは、前引一九二六年六月十七日付李秉中宛書簡に見られる、「もっぱら教師をして、他のことにはかまわないようにする」といったようなものであったろう。

しかし、その希望は実現しなかった。廈門も北京と同じだったのである。挫折の苦渋と、挫折せしめたものにたいする怒りの中で、『藤野先生』は書かれた。

書き終えた時点での魯迅の結論は、「そこで、やおらたばこに火をつけ、『正人君子』の輩の憎悪の的となっている文章を書きつぐのである」。戦闘再開。『藤野先生』執筆も、先とは逆の意味で、ひとつの転機になった、といえるのではないだろうか。

しかしそこには、北京時代に見られたような、剥出しの激しさは少ない。戦闘力や鋭利さは失われていないが、「やをらたばこに火をつけ」、という余裕がある。『藤野先生』を書き終えた翌々日、十月十四日、魯迅は、一九二六年一月以来書きついできた、「正人君子」への論争の書『華蓋集続編』を編集し終え、その「小序」を書く。

……今ではもう、誰かと、公理とか正義とかを奪い合う気持などさらさらない。そちらがそうなら、こちらは、あくまで、こうだ、ということはある。あくまで言うままにはならず、あくまで頭を下げない、ということはある。荘重、高尚な仮面を、あくまで、剥ぎとりにかかる、ということもある。そのほかには、大げさなことは何もない。名実ともに「雑感」というだけだ。

この一歩下がったところでの再出発の決意と、『藤野先生』という作品内容とは、どのようにつながっているのだろうか。ここで、仮説の第三段階、つまり、この作品をどう読むか、という最終段階に入ることになる。

結論を先に述べると、藤野先生は（その生きかたは）、執筆当時の魯迅にとって、ひとつの「理想」だったのではないか。「理想」とカッコ付きにしたのには、若干の注釈を要する。そうありたいと切望しつつも、一方では、けっしてそうはありえないということを、自分自身熟知している、それゆえにこそ理想になる、簡単にいえばそういうことである。

一九二二年に書かれた『「吶喊」自序』とこの『藤野先生』とは同じ仙台時代ながら回憶された素材が異なっているということを、先に述べた。このことについてさらにいえば、両者は、取り上げた題材だけでなく、その扱いかたという点でも違っているといえる。前者は、「幻燈事件」そのものではなく、それが自分にどのような影響を与えたか、ということが中心に書かれており、一方後者は、「いやがらせ事件」の経過そのものを順にたどりつつ、それと直接に関わる藤野先生という人物像を描き出すことのほうが主眼である。『藤野先生』という題名にも、そのことは表れている。したがって、この作品を理解するということは、藤野先生という人物像をどう理解するか、ということになる。

ところで、藤野先生像の読み取りには、従来二つの型がある。ひとつは肯定的、いまひとつはやや否定的、といえようか。

たとえば、最初にあげたのとは別のある教科書は、「作文を書く」という、作文のための単元を設定し、その中の一教材として、「魯迅先生へ」という、魯迅への手紙の形をとった、高校生の書いた『藤野先生』の読書感想文を採り、その後に、〔参考資料〕として、作品『藤野先生』を置いている。

生徒の感想文の中には、「先生の書かれた藤野先生の美しい人間像」、「先生を励まし、中国の医学の発展を願った藤野先生の深い愛、大きい心」、「途方に暮れた時など、他からの愛情が、どれだけ勇気を出させ、力づけてくれるものか」などのことばがあり、その最後は次のように結ばれている。

先生が、文豪として世に出したたぐい多い著作のなかから、『藤野先生』だけは必ず選集の中にいれるようにと言われたおことば。それは、「惜別」の二文字に対する先生の何よりのありがたい真情として、わたしの胸から去りがたいのです。先生を通して得た藤野先生。そして先生。その二つの克明に浮き彫りにした、たいせつなイメージとともに。

これほどの感想文を書ける生徒を、その国語教室は誇ってよい。

それはそれとして、この感想文を書いた生徒は意識していないだろうが、このような読み（おそらくは、彼女の属する教室の読み）の源流には、太宰治の『惜別』がある。戦争末期に構想、執筆され、敗戦直後の一九四五年九月に刊行されたこの作品は、作品中の次のような藤野先生のセリフによって、[11] ほぼその性格が知れる。

・私は東洋全部が、一つの家だと思っている。各人各様にひらいてよい。支那の革命思想に就いては、私も深くは知らないが、あの三民主義というのも、民族の自決、いや、民族の自発、とでもいうようなところに根底を置いているのではないかと思う。（中略）何も私たちのこまかいおせっかいなど要らぬ事です。

・支那の人を、ばかにせぬ事。それだけや。

そういう藤野先生にたいして、魯迅は（作中では「周さん」）言う。

あの先生の親切を裏切るのが、せつなくて、それできょうまで僕はこの学校に愚図愚図していたと言ってもよいのです。

『惜別』を源流とする、藤野先生像を肯定的に読む読みかたは、美しい。そして、心地よい。ああいう時代（日本人の多くが中国および中国人を低級視、蔑視していた、『藤野先生』に登場する他の人物達も概ねそうである）に、藤野先生のような人がいた。それは、留学生周樹人にとってもそうであったかもしれないが、今の、われわれ日本人にとっても、大きな救いである。

『惜別』はもちろん一箇の創作であり、それを材料にして、太宰の『藤野先生』理解を云々するのは、些か筋違いかもしれない。また、内閣情報局と文学報国会との依嘱を受けて書き下ろされた国策小説であるという制約をも、考慮しなければならないだろう。

にもかかわらず、竹内好の次のような太宰批判は、(12)無視することができない。

魯迅の受けた屈辱への共感が薄いために愛と憎しみが分化せず、そのため、作者の意図であるはずの高められた愛情が、この作品には実現されなかったのではないかと思われる。そしてそれは、「藤野先生」の中から、卑劣な学生幹事を忘れて藤野先生だけを取り出したいという、その藤野先生に「日本人」あるいは「私」という着物を着せたがる、一種のいい子になりたがる気持ちと共通の地盤を持つのではないかと想像される。

竹内は、「魯迅が作品行動によって仙台退去を確実にした後でも、世話好きな好人物や、小心な学生幹事や、恐らくは藤野先生でさえも、魯迅の仙台退去の原因については、その当時理解しなかったと同じように今でも理解してはいない。彼らが理解しないだけではない。無数の魯迅の無数の仙台退去を、無数の藤野先生が理解しないのである」とも述べ、結論として、「魯迅の愛したものを愛するためには、彼の憎んだものを憎まねばならない。魯迅は仙台から、従って日本から立去らせたものを憎むことなくして魯迅そのものを愛することは出来ない」と言う。

これら竹内の指摘は、われわれ日本人に突き刺さる。たしかに、魯迅の仙台時代は、ひと言でいえば「屈辱」というほかあるまい。そして竹内のいうように、藤野先生ですら、そういう魯迅の心奥に届いてはいなかったであろう。再び、にもかかわらず。竹内も認めているように、魯迅は、藤野先生を「敬愛」していたのである。それを疑うことはできない。どういうことか。藤野先生のどういう点を敬愛していたのか。

毎週講義の後、必ずノートを添削してくれたこと、仙台を離れる数日前、自宅に招んで、裏に「惜別」と書かれた写真をくれたこと、この二点はともかくとして、その他作品中における藤野先生のイメージは、どちらかといえば、あまり良いものとはいえない。

1　ひどく抑揚のある口調で自己紹介をし、学生達に笑われる。

2　着る物に無頓着で、ノー・ネクタイの時もあり、冬は毎年同じ古外套。あるとき汽車の中で車掌に、スリに間違えられたというエピソードがある。

3　魯迅が返事に窮するようなことを、ときどき言い出す。——中国人は霊魂を大切にするという伝聞知識から、魯迅が屍体解剖を拒否するのではないかと心配したり、纏足によって足の骨がどのように変形するかを知るために、その実際を見てみたいと嘆息したりする。

4　学生幹事によるノート検査（「いやがらせ事件」）を藤野先生に報告したが、それにたいして何らかの措置を魯迅のためにしたようにみえない。

このような藤野先生像は、仙台時代の魯迅の同級生の証言等によって、[13]証明ないしは補強され、かなり実像に近いものと推測することができる。そして、これらのこと（特に箇条書にした3・4）が、竹内をはじめとするやや否定的な読みの根拠になっているように見うけられる。

しかし、筆者には、太宰の『惜別』に、「一種のいい子になりたがる気持ち」が根底にあるとするならば、反対に、竹内の読みの根もとには、〃一種の悪い子になりたがる気持ち〃があるように思われる。中国や中国人にたいする贖罪の意識といってもよい。歴史的関係からみれば、われわれは、贖罪意識をいくら持っても持ち過ぎることがない程だが、文学作品の読みということになれば、それはおのずと別の問題である。

いったい、魯迅は、藤野先生を、どのような人物として描こうとしているのか。しかじかの欠点はあるが、これこれの理由ですばらしい先生である、というような別個の二つの面を持つ人物として書いているのであろうか。そうではあるまい。二面性ということばを用いるとすれば、その両面を描くことによって、藤野先生という一個の人格が、より鮮やかに浮かびあがるように書いたのである。

それは端的に、次のようにいえようか。自分の着る物にも、相手が返事に窮するかもしれぬということにも、ひとりの学生に特に親切にすればその結果がどういうことになるかということにも、そういういわば俗事というものにはまったく無頓着なほど、それほどに学問や教育ということに熱心である教師。区々たる自分の身の回りのことや、わずらわしい人間関係や、そういうことにとらわれていたのでは、学問や教育に真に打ち込むことはできない、そう言い換えてもよいかもしれない。

そう考えることによって、はじめて、従来議論の多い、「先生の私に対する熱い期待と、倦むことのなかった指導とは、小にしては、中国のため、（中略）大にしては、学術のため、……」というところも、理解することができる。藤野先生にとっては、学術のためということのほうが、ひとつの国家のためということよりも、より大きな意味を持つことだったのである。

もちろんこれは、正確にいえば、実在の藤野先生の思想ではなく、作品の中の「藤野先生」のそれである。したがって、執筆当時の魯迅の思想も、そこには反映されているものとみてよいだろう。先に何度か引いた、一九二六年六月十七日付、李秉中宛書簡中の、「（北京を脱出して南方へ行く）目的は、一つはもっぱら教師をして、他のことはかまわないようにするため……」という部分とも符合する。

5

以上三段階に分けて述べてきたが、筆者の仮説なるものをまとめていえば『藤野先生』という作品そのものが、一篇の「『正人君子』の輩《やから》の憎悪の的となっている文章」でもあったのではないか、ということである。北京大学教授、北京女子師範大学校長、教育総長……というような地位職業にありながら、学生弾圧や教員排斥に加担する、そういう「輩《やから》」に向けて、それとはおよそ対照的な、俗事にはまったくかまわぬ「藤野先生」という人物像を提示するという形での。

ひと言付け加えれば、これは魯迅自身が言っていることだが、(14) 彼の論争の矛先の多くは、論敵にたいしてと同時に、自分自身にも向けられたものであった。

今度の場合も、そうであったと思われる。

女師大事件では、教育総長の学校解散命令に、校務維持会を組織して対抗し、そのことで教育部を免職になると、裁判闘争に訴える。そのような激烈な闘争には、やむをえぬこととはいえ、一方では、これらは自分の本意、本領ではないとの、忸怩たる思いの幾何も、内心あったに違いない。

そういう状況からの脱却を期して、北京脱出、厦門行となるわけだが、厦門での無聊と幻滅とが、かつての仙台時代を思い起こさせることになる。そして、北京につながる厦門の「正人君子」たちが、思い出の中の藤野先生のイメージに、急速に、鮮明な輪郭を与え始める。

ところが、そのような意味をこめて藤野先生讃を書くことは、とりもなおさず、「正人君子」たちに応戦することであり、したがって、皮肉というべきか、魯迅自身もけっして藤野先生にはなり得ぬということを、確認する作業でもあったと思われる。

『藤野先生』が、「正人君子」に向けての論争の「文章」でもあった、というのは、むろん、仮説である。状況証拠ばかりで、確証はない。ただ、次のことは、あるいは、ひとつの傍証になるかもしれない。

『朝花夕拾』に収められた諸作品の、執筆速度、ともいうべき問題である。一九二七年五月一日、広州で書かれた『朝花夕拾小序』にもあるように、厦門では、『藤野先生』を含めて五篇が執筆された。

前の二篇は北京の寓居の部屋の東壁の下で書いた。中間の二篇はあちこち渡り歩いていた間の作で、執筆した場所は病院と大工の作業場である。後の五篇は厦門大学図書館の二階で書いた。学者たちから村八分にされた後のことである。

その五篇の執筆の進行具合を、日録ふうに示すと、次のようである。

九月四日　　厦門到着
　十八日　　①『百草園から三味書屋へ』
　二十日　　厦門大学始業
十月七日　　②『父の病気』
　八日　　③『追想断片』
　十二日　　④『藤野先生』
十一月十八日　　⑤『范愛農』

十二月三十一日　厦門大学の一切の職務を辞す

『父の病気』以下三篇が、短期間のうちに集中的に執筆され、その後『范愛農』の執筆までには、かなりの時日が置かれていることが、一見わかる。十月十二日付許広平宛書簡にも、「つづけて『旧事重提』（筆者注、『朝花夕拾』の原題）を四篇書いた……これはまだ二篇書かないと終わりません。来月またつづけるつもりです」とある。

この時期、十月初旬、執筆に適した落着いた環境を、魯迅は持っていたわけではない。事実はその逆で、十月十日の厦門大学国学研究院成立会へ向けての準備、人事をめぐるゴタゴタ、十四日には大学で講演、と寧日なき日々といってもよいかと思う。

一方、版元からの原稿催促に迫られていたということもない。『朝花夕拾』の諸篇は、北京で刊行されていた半月刊の雑誌『奔原』に、断続的に連載されていたものだが、厦門で書かれた五篇の掲載号は、以下のようである。

『百草園から三味書屋へ』　十月十日刊　第一巻第十九期
『父の病気』　十一月十日刊　第一巻第二十一期
『追想断片』　十一月二十五日刊　第一巻第二十二期
『藤野先生』　十二月十日刊　第一巻第二十三期
『范愛農』　十二月二十五日刊　第一巻第二十四期

それぞれの執筆日とを比べてみると、『追想断片』『藤野先生』は、刊行日よりも非常に早目に書かれている。余裕をもって書き貯めておこうとした、とも考えられないではないが、この時期これらの作品（『父の病気』以下三篇）を書きたいという、内的欲求ともいうべきものがあった、と考えるのが妥当であろう。

これらの作品といったが、はっきりいえば、『藤野先生』を書きたかったのではないか、と思われる。その理由の第一は、三作品を一気に書いているわけだが、編年体の回憶を時代を追って書きついでいっている以上、『藤野先生』を書くためには、その前にいくつかの作品（『百草園……』時代以降を内容とする）を書く必要があり、つまり、『藤野先生』を書くために、前二作の執筆を急いだ、と考えられることである。

第一の理由は、いわば形の上でのものだが、作品内容の点からも、そのことはいえる。第二の理由はこうである。この三作品のうち、『父の病気』と『追想断片』は、やや極端ないいかたをすれば、『藤野先生』のために書いた、そういう気配が感じられる、ということである。少なくとも、『父の病気』の筆を執る時点で、魯迅の胸中にすでに『藤野先生』の構想が、かなりはっきりした形で存在していたことは、確かなことのように思われる。

『父の病気』は、父の病気と死という悲しいできごとを、伝統的中国医の欺瞞性への批判を話の軸にして回想したもので、内容的に『藤野先生』と直接につながっている。また、作品中次の部分は、明らかに仙台時代に得た知識であろう。

　ところが、私に医学を教えてくれた先生は、治るものだったら当然治してやるべきだが、治らないものは苦しまずに死なせてやるべきで、これが医者たるもののつとめであると教えてくれた。――もっともこの先生は、言うまでもなく西医だった。

次の『追想断片』は、『父の病気』と『藤野先生』の間の、つなぎのような作品である。内容も、ひとまとまりの話ではなく、題名からもわかるように、『父の病気』にも出てくる衍太太《イエンタイタイ》のこと、そして、父の死後魯迅が学んだ、中西学堂、南京の江南水師学堂、同じく江南陸師学堂附設礦務鉄路学堂でのことが、エピソードふうにつづられ、最後は、そこを卒業して日本へ留学することになったところで結ばれている。

ところで、江南水師学堂は、入学後半年程で中途退学しているのだが、[15] その当時の心境を魯迅は、執筆時の状況とからめて、次のように書いている。

それにしても、どうにも居心地が悪い。しかし、この居心地の悪さをどう表現していいか分からなかった。最近になってだいだい近い言葉を発見した。「烏煙瘴気《うえんしょうき》」と言えばだいたいいいだろう。そうとなれば、出て行くよりほかかない。近ごろは出て行くだけでも簡単ではなくなって、「正人君子」の輩《やから》がお前はさんざん人の悪口を言って招請状を手に入れたなどと言うだろうし、あるいは「名士」気取りだなどとしゃれにもならない皮肉を飛ばしたりするが、当時はまだそれほど面倒なことはなかった。

問題は、『藤野先生』執筆の内的欲求が、何に起因するかである。筆者には、前に述べた、許広平や許寿裳宛の書簡から読み取れる、「正人君子」たちにたいする憎悪の念のこの時期における急速な高まり以外にはない、と思われる。執筆速度の様子を、『藤野先生』が「正人君子」への論争の「文章」であることの傍証と考える所以である。

注（1）学研版『魯迅全集』第十六巻所収、一九三四年十二月二日付書簡による。原文日本語。
（2）既出岩波版『魯迅選集』の佐藤春夫・増田渉の「あとがき」、増田渉宛諸書簡、『魯迅・増田渉師弟答問集』（伊藤漱平・中島利郎編、一九八六年汲古書院刊）等によれば、他にもいくつかの推測が可能だが、何れも推測にすぎない。
（3）学研版『魯迅全集』第十六巻所収、一九三五年六月二十七日付山本初枝宛書簡（原文日本語）に、次のような部分がある。

藤野先生は三十年ほど前の仙台医学専門学校の解剖学教授で本当の名前です。あの学校は今ではもう大学になって居ますが三四年前に友達にたのんで調べましたがもう学校にはいられません。

（4）「以前、子供のころ故郷で食べた菱《ひし》の実、そら豆、まこもの芽、まくわ瓜《うり》などの蔬菜《そさい》類のことがしきりに思い出された時期があった。それらはすべておいしく香ばしく、私を望郷の思いに駆り立てたものであった。その後、久し降りに食べてみたところ、べつに取り立てて言うほどのものではなかった。ただ、記憶の上でだけは、今もって昔の味《あじわい》が残っている。それらは、もしかしたら私を一生欺きとおし、常に私を振り返らせようとしているのかもしれない。

この十篇はこうした記憶の中から抜き出したもので、実際のおもむきとは若干の異同があるかもしれないが、今のところ記憶しているのはこんなところなのだ。」（『朝花夕拾』「小序」　一九二七年五月一日　於広州　より）

(5) 前掲岩波版『魯迅選集』（佐藤春夫・増田渉訳、一九三五年刊）の目次には、「藤野先生（回憶）」となっており、小説や講演と区別されている。

(6) 一九四七年三月刊『近代文学』二・三月合併号所収論文「藤野先生」。但し筆者は、一九七六年勁草書房刊『新編魯迅雑記』に収められた同論文によった。

(7) この書簡は、現存する魯迅書簡中最も日付の古いものである。

(8) 学研版『魯迅全集』第三巻所収、立間祥介訳による。以下本文引用は同じ。

(9)『藤野先生』執筆の十日後、一九二六年十月二十三日付の章廷謙宛魯迅書簡中、次の一節がある。

学校については、曰《いわ》く言いがたし、です。北京が大きな溝《どぶ》だとすれば、厦門《アモイ》は小さな溝《どぶ》。大溝が汚濁している現在、小溝のみが清浄ではありえますまい。

(10) 既出。

(11)『惜別』本文の引用は、新潮文庫による。

(12) 既出。

(13)『仙台における魯迅の記録』（仙台における魯迅の記録を調べる会編一九七八年平凡社刊）による。

(14) たとえば、一九二六年十一月十一日に書かれた『「墳」の後に記す』など。

(15) 一八九八年五月に入学したが、十月には鉄路学堂の入学試験を受けており、翌年一月に入学した（『魯迅年譜』第一巻一九八一年人民文学出版社刊による）。

（付言）　筆者は以前に、『教材としての「魯迅」』という小文を書いた（『高校国語教育ぶっくれっと』No.11　一九八七年十一月三省堂刊）。その中で『藤野先生』について概説しており、本稿はその再説、詳論という形になる。新しい作品論、教材論のための一助になればと思う。

三　『阿Q正伝』を生み出したもの

1

一八八一年	浙江省紹興に生まれる。本名、周樹人。祖父周福清は「進士」で、当時都で官についていた。父、周鳳儀は「秀才」、一八九六年に三十七歳で亡くなったところをみると、やや病弱だったのかもしれない。母、魯瑞は、女性ゆえ正式の学問はしなかったが、独学で本を読める程度の学力は身につけていた、かなり開明的な女性だったようである。
一八九八年	南京に行き、江南水師学堂に入学。
一八九九年	江南陸師学堂附設礦務鉄路学堂に入学。
一九〇二年	官費留学生として、日本に留学。東京弘文学院普通科に入学。
一九〇四年	仙台医学専門学校に入学。
一九〇六年	仙台医学専門学校中退、東京へ。夏、母の命によって帰国し、朱安と結婚。すぐに再来日。
一九〇九年	帰国。杭州の、浙江両級師範学堂の生理学と化学の教員となる。
一九一〇年	紹興府中学堂の博物学の教員兼監学（教務長）となる。
一九一一年	紹興光復後、浙江山会初級師範学堂の監督（校長）となる。

一九一二年	南京臨時政府の教育部部員となる。政府の移転にともない、北京に移り、教育部社会教育司第一科科長となる。教育部僉事を兼任。
一九二〇年	北京大学、北京高等師範学校の講師となる。
一九二六年	北京を去って厦門へ行き、厦門大学教授となる。
一九二七年	広州へ行き、中山大学文科系主任兼教務主任となる。中山大学を辞職、上海へ行く。
一九三六年	上海で永眠。五十五歳。

この履歴書ふうの略年譜から、どのような人物像が描けるだろうか。魯迅は、浙江省紹興の士大夫階級の家に生まれた。南京の、江南水師学堂および陸師学堂附設の礦務鉄路学堂で新式の教育を受け、卒業後日本へ留学。帰国後郷里で教員生活をおくり、やがて政府の教育部に入り南京から北京へ移る。さらに、北京大学、厦門大学、中山大学の教師となり、晩年の十年間は上海に過ごした。

2

一級の教育者・知識人というイメージ（それは確かに魯迅の一面ではある）は浮かんでくるが、「魯迅は中国文化革命の主将であり、偉大な文学者であったばかりでなく、偉大な思想家、偉大な革命家であった。魯迅の骨はもっともかたく、かれにはいささかも卑屈さや媚態がない。それは植民地・半植民地人民にとってもっとも貴重な性格である。」という、『新民主主義論』（一九四〇年）の中で毛沢東が描いたイメージは、ここからは出てこない。

実は、先にあげた略年譜は、魯迅という人物の素描としてまったく不十分なものである。彼の生きた時代がいったいどのようなものであったのかという点、および、彼が生涯にわたって倦むことなく従事した文筆活動がどのようなものであったのかという点、この二つの重要な点が、完全に欠落しているからである。

3

その生きた時代とその生み出した作品（さらにいえば、彼の生い立ちとそこから出てくる資質も）とは、どの文学者の場合においても切り離すことのできない密接なかかわりを持っているものである。しかし、説明の便宜上、ここではまず、前者すなわち魯迅の生きた時代と彼の生きかたについて考え、その後に、作品（文筆活動）について見ていくことにする。

どの国においても、「ある意味において」という前置詞なしに、文字通り「過渡期」としか言いようのない時代というものがある。魯迅の時代の中国が、まさにそうである。それは、魯迅の生きた時代に起こった重要な歴史上の事件を、次のように列挙するだけでも明らかに知れることである。

一八九四年	日清戦争
一八九八年	戊戌政変
一九〇〇年	義和団事件
一九〇四年	日露戦争
一九一一年	辛亥革命
一九一四年	第一次世界大戦はじまる
一九一五年	日本、対中国二十一ヵ条要求
一九一九年	五・四運動起こる

一九二一年　中国共産党成立
一九二七年　南昌蜂起
一九三一年　「満州事変」
　　　　　　中華ソビエト共和国臨時政府（瑞金）成立
一九三二年　「上海事変」
　　　　　　「満州国」成立
一九三三年　日本軍華北に進出
一九三四年　紅軍、長征を開始
一九三五年　中国共産党八・一宣言
　　　　　　秋、長征を終え、延安に根拠地
　　　　　　（一九三六年、西安事件——これは魯迅死後のこと。）

これらは、どの一つをとってみても、中国人である魯迅には、けっして黙過することのできない大きなできごとである。また、できごとそのものが重大であったというだけでなく、それらの事件が生み出すさまざまなディテイルが、その時日本にいようが紹興にいようが、魯迅の日常生活の隈々《くまぐま》に、さまざまな具体的影響を与えずにはおかなかったはずである。

ところが、そういう角度から魯迅の生きかたを眺めるとき、その途中にひとつの微妙な変化が認められるように思う。その変化とは、誤差を恐れず大胆に言い切れば、政治的大状況にたいして積極的反応をするような生きかたからどちらかといえば消極的なそれへの変化である。

それは、一九一二年五月から始まる、いわゆる「北京時代」に起こったように思われる。

これもまた大雑把な言いかたになるが、それ以前の魯迅の選択は、若き日の南京遊学、日本留学、仙台医学専門学校への進学と中退、帰国と郷里での就職、新政府（教育部）への参加など、何れをとってみても、何かを求めての、自分自身の意志によるものと言えば言える。家庭の経済状態や友人の勧誘といったものが、それぞれの場面で、少なからぬ作用を果たしているにしても、である。一方、一九二六年の厦門行きについては、当時の政治状況とのからみの中で、厦門へ行く積極的理由が存在したとは、とうてい認め難い。厦門へ行く、ということよりも、北京を脱出する、という意味あいのほうが大きい。つまりこれは、それ以前のものとは違って、何かを求めての転進ではなく、何物からかの逃走とも言うべき、いわば負のモメントのほうが大きい選択であったと言える。その後の広州行き、上海行きもほぼ同様である。

むろん、こういう単純な切り取りかたには、具体例をあげての反論も可能である。たとえば、日本留学期から北京時代にかけての清末動乱期の数年間、異民族支配からの脱却をめざす激烈な漢民族ナショナリズム運動の中で、多くの人々がまさに命をかけてたたかった。その中には、章炳麟、秋瑾など同郷の師友もいた。にもかかわらず魯迅がそのような革命の実際行動に参加しなかったのは、消極的とは言えないか。それは事実として確かにそうである。しかし、日本留学のちょうど一年後の一九〇三年の三月に、江南からの留学生の中ではもっとも早く弁髪を切ったこと、その年の秋から光復会結成の企てに参画し、一九〇五年その光復会と興中会、華興会が大同団結して「中国同盟会」を結成したときにも加入したらしいこと、また親友の許寿裳とともに、つねに中国や中国民族の将来について話し合っていたということ、さらに、民族の運命に関するかなり切迫した危機感によって書かれたその頃の文章（一九〇三年の『スパルタの魂』『中国地質略論』など）、これらの諸事実からみれば、当時の魯迅の思想や言動が、積極的革命派とさほどの隔たりがあったとは認められない。実際に武器をとることもなく、したがって革命に殉ずることのなかったのも、早くに父を亡くした周家の長男としての老母や弟達への責任感ということを考えると、それをもってただちに積極性を欠く証拠とするわけにいかないように思う。

また、北京時代を含めてそれ以降の魯迅に、祖国や民族にたいする関心が薄らいだとは言えない、『両地書』などをみると、北伐の国民革命軍には少なからぬ関心を寄せ、延安の毛沢東にも注目している。そして何よりも、自分のまわりにいる若い学生達にたいする不正や弾圧にたいしては、実に誠実にしかも犠牲的に行動している。これらをもって果たして消極的と言えるのか。これまた事実としては確かにそうである。しかし、同じ思想家、文学者でも、中国共産党の創立者となった陳独秀、その陳独秀の後を継いで中共中央総書記にもなった瞿秋白、北伐にも参加した郭沫若などが、時にはペンで時には剣で、はなばなしくたたかったのに比べると、最後まで入党もせず剣を持つこともなかった魯迅は、やはり消極的と言わざるを得ない。竹内好のことばを借りるならば、魯迅はついに一歩も書斎から出なかったのである。郭沫若は、晩年の魯迅の最大の論敵ですらあった。

4

その変化は、いったい何によるものであったのだろうか。原因は二つ考えられる。

ひとつは、従来よく言われている「辛亥革命の挫折」であろう。ただ、それが「挫折」ということばで呼びうるようなものであったかどうか、という問題はある。挫折というのは、事業などが中途でだめになること、という意味であるが、土地改革にしろ兵制にしろ強力な中央政府の建設にしろ、もし中途でだめにならなければ達成しえたような明確なヴィジョンや、それにいたるプログラムが用意されていたのか、ということである。また、革命の果実を、元清朝軍人の袁世凱に横取りされたとする説もあるが、辛亥革命のほとんど唯一の成果である清帝退位（そのことを過小評価するものではないが）も、結局はその袁世凱の力によってであったことも事実である。やむなくにしろ、南京の孫文は、清帝退位を条件に、その臨時大総統の地位を袁世凱に譲ったのである。

一九一一年（辛亥）　十二月二十九日＝孫文、臨時大総統に就任。
一九一二年（民国元年）一月一日＝南京臨時政府発足。
同二月十二日＝清帝退位。
同二月十五日＝袁世凱、臨時大総統に就任。

このきわめて短期間における事態の推移をみると、南京の力不足の結果は明らかであり、革命の果実とか、横どりとかというものであったかどうかも疑問なしとしない。

しかしこのことは、辛亥革命の歴史的評価がほぼ確定し、その後の大革命をも見ている現在のわれわれにして言い得ることであって、そのようなわれわれの考えでもって、革命の失敗はその革命勢力の未成熟と非力とによる必然の結末であり、ショックなど受けている場合ではない、とするのは、恐らく酷にすぎる見かたであろう。魯迅らは何年来「滅満興漢」の革命にあらゆる夢と情熱（多くの人は生命をも）かけてきたのであり、

一九一一年十一月　杭州光復の祝賀大会で主席をつとめる。
一九一二年一月　発起人の一人となった『越鐸日報』が創刊。創刊の辞を書く。
同月、南京臨時政府の教育総長になった蔡元培に招かれ、南京に行って、教育部部員となる。

にみられるように、その成就が明るく輝いてみえたのは当然であろう。したがって、その後の推移の中で、次第に幻滅と「挫折感」を深めてゆき、その生き方までを微妙に変化せしめられていったであろうことは、これまた容易に想像し得ることである。

今述べたように、「辛亥革命の挫折感」やそれに伴う生きかたの変化は、たとえば、一九一二年二月十五日の袁世凱臨時大総統就任といったような、具体的な特定のひとつの事件が原因になって一度に生まれたようなものでは、

恐らくないだろう。それにひき続いて起こる、

一九一三年　三月	宋教仁、袁世凱の刺客により上海駅頭で暗殺される。
同九月	二次革命（討袁）、張勲の南京殺掠により終熄。
同九月	孔教の国教化。
同十月	軍警数千人に国会を包囲させた中で、袁世凱を正式大総統に選出。
一九一四年　九月	袁世凱、北京の孔子廟で孔子を祀る式典を行う。
一九一五年十一月	各省選挙、満票にて袁世凱の君主立憲を可決。翌月袁はそれを受諾。翌年一月一日を期して、洪憲皇帝と名乗り、中華帝国とすることを決定。（実際には一九一六年三月、帝制廃止宣言）

さらには、一九一七年の張勲復辟運動、などの中で、次第に形成、深化させられていったものであろう。

このことから、魯迅の生きかたの変化にかかわる、第二の原因が推察できる。それは、今「深化」という語を用いたが、ひとことで言えば、失敗経験の深化、ということである。前にもやや詳しく述べたことだが、革命の失敗が、袁世凱の「横取り」というような外部からの要因によるものではなく、それを許してしまった内部の弱さによるものではなかったか、という認識である。これは、理念的真実へは近づいた認識ではあるが、実際的行動は鈍らせてしまうという、苦い認識である。形式的排満が何物をもたらさなかったように、袁世凱や張勲という特定の権力者個人を打倒するというだけでは、真の意味の革命にはなり得ぬ、という認識だからである。この認識は、はなばなしい討袁運動や、声高な革命騒ぎに、にわかには入ってゆけぬ場所へ魯迅を連れて行ったのである。

内部の弱さとは、具体的には「国民性の改造」ということであるが、このテーマは日本留学時代の魯迅になかったわけではない。なかったどころか、彼の変わらぬ主要な課題だったはずである。しかし、そのいわば観念にすぎ

なかったものが、現実という砥石にかけられたという意味で、また、性格を改造されるべき国民の自分もまたその一人であったという意味で、辛亥革命およびその失敗の持つところの意味は、魯迅にとってはかり知れぬ大きなものであったと思われる。

5

北京時代およびそれ以降の魯迅の生きかたが、それ以前とは微妙に変化した。そしてそれは、現実への働きかけかたの積極的態度から消極的なそれへの変化と言うことができる。そのことについてずいぶんくどくどと説明してきた。といってこれは、魯迅の変節ないしは退歩を言おうとしてのものではもちろんない。そういう褒貶の世界をはるかにつきぬけた、人間の根源的な在りようについてのことである。そういうことでは、積極的、消極的ということばも、けっして適当とは言えない。

辛亥革命は虚妄であった。清帝を退位させたのみで、しかもその後には、大小さまざまの皇帝（袁世凱、張勲……）が絶え間なく現れてきたのである。辛亥は滅満を目標としたものであったことからすれば、その目標は達したわけであり、したがって辛亥革命が虚妄だったとすれば、考えていた革命そのものが虚妄だったのだ。魯迅は、寂莫の中に沈潜するしかなかった。

打倒すべきは清朝皇帝のように、自分の外側にあって目に見えるもの、ではなかったのだ。「国民性の改造」という、とてつもなく大きく、しかも自分の内側にあって目には見えないものだったのである。自分をも含めて中国（人）全体が改造されるべきだと考えると、その革命という卵は、抱きあたためて孵すべき親鳥のいない卵である。魯迅は、絶望の中に沈黙するしかなかった。

一九一二年五月北京に到着以来、宋教仁暗殺、第二革命失敗、第一次世界大戦勃発、日本の二十一ヵ条要求、袁世凱帝制宣言、袁世凱死去、ロシア革命とめまぐるしく推移する中で、公的には勤勉な教育部官僚であり、私的には仏典、石刻、金石拓本を収集研究する趣味学究の徒であり、また、母の還暦祝いに帰郷したり弟の周作人を故郷から北京に迎える周家の長男であった。革命への情熱をたぎらせた若き日の魯迅は、もはやそこにはいない。

現実の政治的転変から一歩退いたところに自らを置き、自らの仕事を勤勉に果たし、古典研究を続け、家長として誠実に努める、こういう生きかたは、一九一八年五月、雑誌『新青年』に事実上の処女作『狂人日記』を発表した後も堅持され、その死に至るまで続けられたといっても、ほぼまちがいではないと思う。一九一一年（辛亥）十一月、杭州光復の祝賀大会で主席をつとめたような、革命の隊列の先頭に立つことは二度とない。

ただ魯迅は、「国民性の改造」という、自らの力では孵すことのできぬ理想の卵を、抱きしめつづけることを終生やめなかった。そして容易に孵すことができるとする安易で楽観的な革命論者には皮肉のことばを、卵を壊してしまおうとする者にたいしては怒りのことばを、それぞれのことばを鋭い匕首にかえて投げつけ続けた。それぞれとのたたかいを、自分の場所で、生涯たたかい続けた。

そのような魯迅の姿は、同時代の人々の目には、非常に矛盾にみちた人物にみえたに違いない。あたたかさと酷薄さと、新しさと古さと、外国文学の紹介と古典研究と、……。以上述べたような理由で、魯迅とは、確かに一個の矛盾たらざるを得ぬ存在であった。

また、魯迅は皮肉っぽい人物に思われていたに違いない。これまた確かに、魯迅という存在そのものが、一個の皮肉だったのである。常に現実から一歩さがったところに身を持しながら、結果的につねに先頭に立っていた存在。他の誰よりも魯迅自身にとって、それは苦渋にみちた皮肉であったに違いない。毛沢東は、自分を共産主義者と信じなかった魯迅を「マルクス主義者よりマルクス主義的」であると評しているが、マルクス主義を、教養としてでなく精神として理解し得た毛沢東にして、初めて見える魯迅のイメージでそれはあったのであろう。

6

現実から一定の距離をとり、寂莫の中に沈潜し、絶望の中に沈黙する、それが〝魯迅〟というもの（魯迅の精神、魯迅の魂）を形成したのだが、〝魯迅文学〟というものもそこから生まれた。文学というものは本来、そのような場所から生まれるもの、と言うことができるかもしれない。

長い沈黙の後、一九一八年に発表した『狂人日記』以後、一九二二年に書かれた『村芝居』まで、計十四編の短編を収めた最初の作品集に、魯迅は『吶喊』という表題を与えた。その表題の意味について、『自序』の中で次のように説明している。

《思うに私自身は、今ではもう、発言しないではいられぬから発言するタイプではなくなっている。だが、あのころの自分の寂莫の悲しみが忘れられないせいか、時として思わず吶喊の声が口から出てしまう。せめてそれによって、寂莫のただ中を突進する勇者に、安んじて先頭をかけられるよう、慰めのひとつも献じたい。私の吶喊の声が、勇ましいか悲しいか、憎らしいかおかしいか、そんなことは顧みるいとまはない。ただ、吶喊であるからには、主将の命令はきかないわけにいかなかった。そのため私は、しばしば思いきって筆をまげた。「薬」では瑜児《ユール》の墓に忽然と花環を出現させたし、「明日」でも、単四嫂子《シャンスーサオツ》がついに息子に会う夢を見なかった、とは書かなかった。当時の主将が、消極性をきらったせいもあるが、自分でも、みずから苦しんだ寂莫を、私の若いころとおなじように甘い夢を見ている青年に伝染させたくなかったから。（一九二二年）》

つまり、自分自身はもはや「突進する勇者」ではないが、せめてその勇者に「安んじて先頭をかけられるよう、慰めのひとつも献じたい」という思いが、魯迅に重い筆を執らせたのだし、それが魯迅文学の本質であったと言えよう。魯迅は、文学でもって〝吶喊助威（声をあげて加勢するの意）〟しようとしたのである。自分自身の暗い絶望の認識を抑えるようにしてまで。

事実上の処女作『狂人日記』誕生時の状況によってそのことを検証してみよう。先ず、ジョン・デューイからプラグマティズムの哲学を学んだアメリカ留学生出身の胡適の『文学改良芻議』が一九一七年『新青年』に掲載された（彼は同年北京大学教授に迎えられたが、この論文は留学中に投稿されたもの）。彼の主張の中心は、旧来正統とされてきた文人の文語文学にかわって、平民の手になる「白話文学」（口語文学）をうちたてて、文学を民衆＝国民に解放しようという点にあった。それをうけて同年陳独秀が『文学革命論』を書き、貴族文学、古典文学、山林文学（現実逃避の文学）を打倒して、国民文学、写実文学、社会文学を建設せよと述べ、精神に巣くう一切の古いものとの訣別を青年にうながした。

このようにして始められたいわゆる「文学革命」は、「科学」と「民主」を共通のスローガンとし、旧来の風俗習慣のあらゆるものに批判の矢を向けた。とりわけそれらの根元に強固に存在する儒教道徳・孔教は、最大の打倒目標であった。

そのような雰囲気の『新青年』に、その編集者陳独秀に強く請われて、魯迅は『狂人日記』を書いたのである。狂人の手記という形式を借りたその激しい旧道徳、儒教倫理批判の鋭さは群を抜いており、しかもその口語の文体は独創的で、その後の近代文学の指標となった。つまり、〝吶喊助威〟の役割を果たそうとした魯迅は、はからずも中国新文学の〝旗手〟になってしまったのである。

7

『吶喊』諸篇の発表誌（紙）は次のようである。

『狂人日記』（『新青年』一九一八年五月）
『孔乙己』（『新青年』一九一九年四月）
『薬』（『新青年』一九一九年五月）
『明日』（『新潮』一九一九年十月）
『小さな出来事』（『晨報一周年記念増刊』一九一九年十二月）
『髪の話』（『時事新報』「学灯」一九二〇年十月）
『波紋』（『新青年』一九二〇年九月）
『故郷』（『新青年』一九二一年五月）
『阿Q正伝』（『晨報副刊』一九二一年十二月四日から二二年二月十二日まで、毎週または隔週に一回、章ごとに掲載。）
『端午の節季』（『小説月報』一九二二年九月）
『白光』（『東方雑誌』一九二二年七月）
『兎と猫』（『晨報副刊』一九二二年十月）
『あひる喜劇』（『婦女雑誌』一九二二年十二月）
『村芝居』（『小説月報』一九二二年十二月）

作品の性質が、その発表される場（発表誌・紙）の性格によって規定されるということは、程度の差はあっても通常的に見られることである。『新青年』については既にいくらかその性質について述べたが、『阿Q正伝』の発表された『晨報副刊』とは、いったいどのようなものであったか。

一九一六年八月梁啓超ら進歩党の機関誌として『晨鐘報』が北京で創刊された。一九一八年九月段祺瑞政権によって一時閉鎖させられたが、一二月に『晨報』として続刊された。一九一九年二月その第七面を『晨報副刊』に改めた。『晨報』は北洋軍閥を擁護したが、『晨報副刊』は日本留学生出身の李大釗を編集者に招き、新教養、新知識、新思想の自由論壇と訳叢とを設け、新文化運動と社会主義宣伝に大いに貢献した。一九二〇年以後は新文学提唱に力が注がれ、一九二一年一〇月一二日には『晨報副鐫』と改められ（したがって『阿Q正伝』の発表も正確には『晨報副刊』ではなく『晨報副鐫』）、孫伏園編集のもとで、独立して刊行された。

孫伏園は魯迅と同じ浙江省紹興の生まれで、しかも、一九一一年、当時魯迅が校長をしていた紹興初級師範学堂に入学している。そういう関係もあってか、魯迅は彼に少なからぬ文章を与えている。『阿Q正伝』以前のほとんどは外国文学の翻訳で、『沈黙の塔』（森鷗外）、『鼻』『羅生門』（芥川龍之介）、『アメリカにいる父親』（アルキオ・フィンランド）、『沼のほとり』『春の夜の夢』（エロシェンコ・ソヴィエト）などである。

さらに細かいことを言えば、孫伏園が依頼し魯迅がそれに応えて『阿Q正伝』の「第一章　序」を送ったのは、その『晨報副鐫』の「開心話」（気ばらしになるような楽しい話の意）という欄なのである。そのことから新島淳良は、魯迅は「当初は、小説を書く気はなかった」と推定している（『魯迅を読む』晶文社、傍点新島）。そして新島は、この序を、「歴史癖と考証癖」を持つ胡適批判の雑感であるとし、その胡適批判のモチーフは「小説」になってからも（第二章以降は「新文芸欄」に移された）消えさらず、最後まで持続している、と考えている。

魯迅は、『阿Q正伝』発表の直前に、同じ『晨報副鐫』の開心話欄に、二つの文章を書いている。「知識は罪悪」（一九二一年十月二十三日）と「事実は雄弁にまさる」（一九二一年十一月四日）である。前者は題名の通りのことをアイロニカルに書いたものであり、後者は題名の命題がわれわれの中国では通用しないということを書いたものである。何れも『阿Q正伝』の世界と、どこかでつながるものを持っている内容の文章である。

8

『阿Q正伝』という作品に登場する人物のモデルや、作品中の事物および事件と事実との関係については、魯迅の弟周作人による細緻をきわめた考証がある（『魯迅小説中の人物』北京人民文学出版社刊）。しかし、作品理解の枠組みとしては、「国民性改造」ということは阿Qも阿Qを処刑する者もその処刑を見物するものもすべて「改造」されねばならず、作者魯迅もまた、阿Qであり、同時に阿Qを処刑する者であり、さらにその処刑を見物する者でもある、という構造を理解すれば十分であり、それ以上の細部にわたる実証は、必ずしも必要とは思えない。

四　魯迅『狂人日記』
――作品分析の試み――

1

数多くの魯迅作品が中学校・高等学校の国語科教材になっているなかで、実質的にはその処女作というべき『狂人日記』は、従来一度も教材化されたことがない。本稿は、教材化の前提としての、作品分析の試みである。

2

第一作品集『吶喊』所収十四篇のうち、『狂人日記』『阿Q正伝』の二篇には、「序」が付いている。『阿Q正伝』の場合、「第一章　序」という形で、小説本文の一部になっているのにたいして、『狂人日記』の場合は、本文と分離した形で、作品に前置されている。その概略は次のようである。

狂人とは誰のことか。
その日記がどうして手に入ったのか。

どういう目的でそれを公表するのか。

たまたま入手したある他人の日記を、ある目的をもって公表しようとする際に付すべき序文として、これはまったく過不足のない、形式内容ともに完璧なものであるといえる。

そこでひとつの突飛な疑問が出てくる。完璧なものであるだけに、この序文に書かれている内容が、事実として読まれはしないだろうか、ということである。つまり、作品に署名された「魯迅」なる人物（「魯迅」という筆名がこの時初めて用いられたということはよく知られている）は、この『狂人日記』という作品全体を創作したのではなく、他に実在したある狂人の日記を、抜粋編集して序を付したにすぎない、という読みかたである。

他人の日記・手記という形式を借りて、自己の思想や主張を展開するというひとつの方法が存在するということを知っており、また、中国近代文学史についてのどれだけかの知識を持っているわれわれ（教師・大人）が魯迅作『狂人日記』を自明のこととして読み進めて行くとき、それらについての知識を欠くかもしれぬ教室の幾人かが、以上のような疑問に捉えられているというような状態があったとすれば、その上に展開される授業とは、いったいどういうものになるのだろうか。

いったい、『狂人日記』という作品全体が、魯迅の創作によるものであるという自明のことを説明しようとするとき、われわれはそのためのどのような根拠を示し得るのだろうか。

1、こういう文学形式が存在するということ。内容はやや異なるが、『阿Q正伝』などを例にあげる。若干のヒントになるようなモデルはあったにしても、阿Qという人物がそのまま実在したことは考えられないし、そう読み誤る読者もおそらくはいないだろう。

2、「狂人」の「日記」の内容および文体が、掲載誌である当時の『新青年』の統一的主張（孔教批判、白話文使用）

に、ぴったり一致する。このことは、『新青年』の思想や主張と呼応する形で作者がこの作品を書いたことをうかがわせる。(1)

3、日本留学時以来の魯迅の親友で、『狂人日記』執筆掲載当時北京を離れていた許寿裳からの問い合わせにたいして、魯迅は、自分の作品であることをはっきりと告げている。(2)

以上挙げた理由でじゅうぶんに説明し得るわけだが、作品そのものに即した次のような設問はどういう意味を持つだろうか。

4、「狂人」の年齢は、現在何歳くらいであろうか。

「日記」本文第一節の冒頭は、次のようになっている。

今夜は、月がいい。

おれはあれを見なくなってから、三十年あまりたつ。きょうは見たから、じつに気分がいい。してみると、これまでの三十年あまりは、何もわかっていなかったわけだ。(3)

最初に月を見ていた何年間かがあり、その後見なくなってから三十年あまり経過している、ということをこの文章は表している。子どもにたいする家庭内外における本格的な教育が始まるのが、一般に五歳頃で、その頃から狂人が月を見なくなったとすれば(ここに作者の、教育というものにたいするある考えかたがうかがわれる。このことについては、後にもう一度触れる)、それに三十年余を加えて、日記執筆時の狂人の年齢はだいたい三十六、七歳。

そして、〝序〟によれば、現在狂人は、「病すでにいえて、任官のため某地に赴」いている。ということは、作者が『狂人日記』執筆時点での狂人の年齢は、三十七、八歳?

ところで作者は、〝序〟の末尾に、「民国七年四月二日しるす。」と、リアルタイムを記しているが、一八八一年生れの魯迅は、この民国七（一九一八）年には三十七歳である。ぴったりである。

この符合は、一見ノンフィクションであることの証明であるようだが、反対に、あまりにもぴったりしすぎていることは、創作にリアリティを与えるための、構成の妙、と言えないでもない。子どもが五歳頃に教育を受け始めること、および、狂人が現在はすでに治癒し社会復帰していること（このことの意味についても後に触れる）、という、この作品にとっての重要なアイディアを生かし、作者自身の履歴にからめてそれに真実味を与えるためには、まさにギリギリの計算だったと言える。明らかな虚構の作品に、あたかもそれを擬装するかのような『自序』を置き、しかもその中にことさらしく「民国七年」というリアルタイムを記したことの意味は、けっして小さくない。

3

今夜は、月がいい。

おれはあれを見なくなってから、三十年あまりたつ。きょうは見たから、じつに気分がいい。してみると、これまでの三十年あまりは、何もわかっていなかったわけだ。だが用心はしなきゃならん。でないと、なぜ趙《チャオ》家の犬がおれの顔を二度もにらんだか。

おれは伊達や粋狂にこわがるんじゃないぞ。

先にも一部引用した、本文第一節の全文である。ここには、狂の原因

狂の自覚
狂の病状
について、それぞれ、必ずしも明瞭な形でではないが、表されている。

先ず、狂を発した原因は、「月」[4]（原文では「月光」）である。ただ、今も述べたように、月を見たことが発狂の原因であると、はっきり書かれているわけではない。何か別のほんとうの原因があって、月を見るということはその契機になったにすぎない、と言ったほうが正しいのかもしれない。あるいは因果はまったく逆で、月を見たことは発狂の結果である、とも言い得る。

ともあれ、この作品において、月を見るということが、狂のひとつの徴標として用いられていることは明らかである。そしてそのことが、西欧の古伝によるらしいこと、および、月が魯迅文学に頻出するところのキー・イメージのひとつであることは、従来も指摘のある通りであるが、ここでそれらに加えて考えてみたいのは、月そのものでなく、月を見るという、行為の意味についてである。

見るとは、いったいどのような行為なのであろうか。生理学的に言えば、網膜上に投影された外界のものを認知する行為、ということになる。そこで重要だと思うのは、外界のものが網膜上に投影されるという純粋に物理的な現象に、それを認知するという心理的作業が加わっているということである。網膜上には視界内のすべてのものが映っているのだが、われわれが見ているのは、その中の、ただひとつのものであり、そのただひとつのものは、われわれの意識（あるいは無意識）によって選択されたものなのである。そのことから、見えてはいるのに見ていない（見過す、見逃す）とか、時の経過や状況の変化（に伴う意識の変化）によって、今まで見えていなかったものが見えるようになる（発見する）、というようなことが起る。

狂気、あるいは発狂ということが、専門的にはどのように説明されているのか知らないが、常態の意識の、大幅かつ急激な変化という現象を伴っているということは、言えるように思う。そうだとすれば、その、意識の急激な変化によって、今まで見えていなかったものが見えるようになるということ（あるいはその逆も）は、当然あり得るはずである。この作品の場合、その徴標として、「月」が選び取られたのである。

「見る」と訳された原文は「見」だが、中国語の動詞「見」には、「見る」という他動詞と同時に、「見える」という、可能の意味を含んだ自動詞の用法があることは興味深い。「きょうは見たから、じつに気分がいい。」というところを、最新の魯迅全集（学習研究社刊、丸山昇訳）では、「今日は見えたので、……」と訳出している。

この作品は、そういう新しい目で「見る」ことによって現れてきた（「見える」ようになった）、世界なのである。ひとつ付け加えておきたい。「おれはあれを見なくなってから、三十年あまりたつ」。生れたときから「あれ」を「見」ていないというのではないのだ。三十年あまり前、そのときまでは『見』ていた（「見え」ていた）のだ。三十年あまり前とは、子ども時代のことであろう。子どもの目と狂者の目、作品末尾の「子供を救え……」とのつながり、子どもの目を「月光」から蔽ったものは何か。問題点は再び先送りすることになる。

次に、狂の自覚についてだが、狂人は「気分がじつにいい」と言っている。日常のさまざまな気遣いや掣肘から解き放たれた狂気は（そういう気遣いや掣肘の、その個人にとっての限度を越えた過重が、発狂の一因と考えることができるか）、狂者自身にとって恐らく、「気分」が「いい」ものであろう。また、「してみると、これまでの三十年あまりは、何もわかっていなかったわけだ」と言っているが、己れの狂気を狂気として自覚することは、その狂気を脱した後に初めて可能になるというものであろう。（〝序〟に、「書名は本人の全快後に題せるものなれば改むることなし。」とある。）

これらは何れもいわば常識に属することである。さて、作家が狂気という形を通して自己の思想を表現しようとする場合、二つの方法が考えられる。ひとつは、狂気に至るプロセス、ないしは、狂気に至らしめる情況を克明に描くことによって、狂気そのものについて、あるいは、狂気を生む社会を、凝視あるいは告発しようとするものである。そしていまひとつは、狂気の目に映じた世界を開示し、それに文学的リアリティを賦与することによって、反転して現実の世界を撃とうとするものである。

何れも、いかほどか狂者の生理や心理に依拠して書かざるを得ないという意味で、両者は原理的には不可分のものではあるが、魯迅がその題名を借りてきたとされるゴーゴリの『狂人日記』はどちらかと言えば前者に属する作品であり、魯迅の『狂人日記』は、後者の傾向の色濃いものであるとは言えよう。題名の類似にもかかわらず、内容の影響関係という観点からすれば、ゴーゴリよりも、ガルシンの『信号』や、ニーチェの『ツァラトゥストラかく語りき』などのほうがより大きい、と従来指摘されていることにも、それはみてとれる。

以上の意味から、この作品を読み解くための鍵は、狂者が自らの狂気を正気と意識しているという心理の分析ではなく、その反転の発想にこめられた魯迅の思想、現実認識の解明にある、ということになる。

やや断定的な言いかたをすれば、狂気こそが恐らく唯一の安息であるような、つまり、正気でもってしてはいかにも生き難い、狂気そのもののような時代を、魯迅は渾身の力で正気にとどまりながら生き[5]、その処女作に、正気に反転する狂気の世界を描いてみせたのである。

その、正気に反転する狂気の世界が、具体的にどのようなものであるのか、それは作品を読み進めて行く中で次第に明らかになるはずだが、ここでは、その逆転の発想と緊密に結びついていると考えられる、魯迅のもうひとつの実験、文体について考えておきたい。

『狂人日記』において魯迅が、序と日記本文に、それぞれ別の二種類の文体を用いていることは、よく知られている[6]。この問題については、新島淳良の説明が興味深い。氏は、序の文体が「完璧な文言」であり、本文が「自分のために書く、日記の文章」であることを確認したうえで、次のように説明する。

当時の読者はみなインテリで「文言」の読み書きができる者ばかりであり、実際に読むものも書くものも文言であったから、序文の世界は現実の読者が目の前にあると思っている世界を意味した（彼らにとっては文言の世界こそ実在世界であった）。これにたいし、口語（白話）の世界は、実在性がなく、現象界に属するにすぎず（なぜなら話されるそばから消えてしまって記録されない）、どうやらこの世界と同時に存在しているらしいのだが、それも確実とはいえない世界だった。それはちょうど、夢や狂人の幻想の世界のようなものである。中国で、口語によって最初に書かれた近代文学が、文言の序と口語の本文という形式をとっているということは象徴的である。それは内容——狂人の頭のなかに、非狂人とは別の世界があるということ——を表現するのにもっともふさわしい形式だった。読者が狂人の頭のなかの世界のほうがリアリティを持つと感じられたとき、口語もまた、文言よりもリアリティをもつことになる。それは完全な価値の逆転であるが、それも内容と形式の、二重の価値の逆転であったのだ。(7)

最後に、狂人の病状についてだが、狂人に訪れる最初の感情は、不安・恐怖である。自分を（襲うかのように）じろじろと見る趙家の犬。趙家とは、第二節に出てくる趙貴翁の家のことだが、再び新島淳良によると、(8)「魯迅の『吶喊』の中の多くの作品では、『百家姓』の最初の二つの性、趙と銭を用いて、趙に保守的支配階級の人々を、銭に開明的支配階級の人々をふりあてている」そうである。

この犬のイメージが、直接には『ツァラトゥストラかく語りき』によるとしても、(9)被害妄想狂の類と診断された狂人の呈する最初の病状が、犬に見られる恐怖として表されていることを読むとき、先に述べた、狂気の徴標としての月を見るという行為の記述とをあわせ考えると、見る・見られるという、いかにも巧妙な作者の仕掛けを思わないわけにはいかない。

4

狂人に不安や恐怖を抱かせるものは、もちろん趙家の犬だけではない。趙貴翁も、ほかの七、八人も、往来にいる連中のみんなも、それに、子どもたちまで。彼らにうらまれる理由として、思いあたるのは、「二十年前に、古《クー》久《チウ》先生の古い大福帳を踏んづけて、古久先生にいやな顔をされたことぐらい」。

この「古久先生の古い大福帳」とはいったい何なのか。原文は「古久先生的陳年流水簿子」で、直訳すれば「古久先生の古い（あるいは、長年の）金銭出納簿（あるいは、日記帳）」。全集の原注には「ここでは、中国の封建主義支配の長い歴史をこうたとえる」とあり、文集竹内好の訳注にも「古久は歴史を擬人化したものらしい」とある。古・久いずれも時間の長さを表し、歴史を金銭出納簿とするのは、いかにも魯迅らしい、ユーモアと薬味の効いた比喩だと言える。

全集を繰っていると、似たような表現にぶつかった。

○　中国の目覚めた者は、長者にはおとなしく順《したが》いながら子供を解放しようとするのであるから、一方では古い帳簿を清算しながら、一方では新しい路を拓《ひら》いてゆかねばならぬのである。[10]　（傍線部原文は「旧賬」）

○　史書は、もともと過去の古い帳簿だから、急進的な勇猛の士とは関係がない。[11]　（傍線部原文は「過去的陳帳簿」）

これらの例から、「古久先生の古い大福帳」を「歴史」を寓したものとするのは、妥当と考えられる。さらに、その大福帳を「踏んづけ」たということも、狂人が二十年前に、急速的な先覚者として新しい路を拓いてゆこうとした、つまり歴史に叛逆しようとしたことを表しているということも、やはりこれらの例から推測することができる。

かつての自分のある行為が、二十年という時間を越えて今、自分を取り囲む悪意の壁の原因になる。自分の行為に関する噂は、時間を越えて人から人へと伝わり、周囲すべての人の憎悪となって反撃してくる。

二十年という時間を経て、発狂した狂人の目に、その憎悪と反撃の気配が初めて見えたというよりも、二十年間にわたる絶えざる憎しみと警戒のまなざしが、ついに彼を発狂させたと考えるべきか。たとえば、自分のやったことが、いったん、謀叛とか革命とか名付けられてしまえば、それは永遠に消えることのない烙印となってしまう。自分を恐れながらかつ抹殺しようとつけねらう眼（犯罪者を見る眼）に、囲まれつづけることになる。革命者を周りの人々が恐れたり抹殺しようとしたりするような社会に、真の革命は期待できるのだろうか。

狂人にとってさらに不審なことは、「古久先生の古い大福帳を踏んづけ」た二十年前には、まだ生まれてもいなかった子どもたちまでが、おとなと同じ眼つきをすることだ。このことについて狂人は、「これぱっかりは、おそろしいことだ。」と記し、そのうえ、「不思議なことだし、悲しいことだ。」と書き加えている。犬→おとなたち→子どもたちという広がりにつれて、狂人の衝撃が次第に大きくなり、子どもの様子にたいしては、それがついに悲しみにまで深まっていることが知れる。

そうだ、わかった。親たちが教えたんだ。

狂人は認識する。教育。噂として横に広がり、教育を通して縦に伝えられる。狂人の絶望は宿命となり、社会の進歩は固定される。六歳の時から旧式の教育を受け始め、十七歳の時には科挙を受けた（途中で放棄したが）魯迅。そして日本留学を終えて帰国後の後半生の大部分を、教師あるいは教育部の官僚として過した彼は、人並以上に教育にたいする深い関心を抱いていたはずである。封建主義や儒教道徳に緊縛された教育は、何を生み出すか。許広平に宛てた書簡の中で、魯迅は教育について、「環境に適応するたくさんの器械を製造する方法にすぎ」[12]ない、と言っている。先に狂人の年令を試算した際、月を見なくなった三十年あまり前を、子どもにたいする教育の始まる五歳頃と推定したのは、以上のような意味をも考えてみたかったからである。

5

雑誌『新青年』の担った新しい文学運動の（その中心であった陳独秀の）、中心テーマが、科学（サイエンス）と民主（デモクラシー）であったことは、よく知られている。封建主義・事大主義という、大清帝国の残滓にまみれた、民国初期軍閥治下の当時の状況のなかで、この二つのスローガンは、他の何物にもまして必要かつ重要なものであったはずである。

ところが、魯迅がこの文学運動に（また、それに継起する五・四運動に）たいして、意外に冷淡であった（少しことばが強いか、あまり熱心ではなかった）ということも、事実のようである。魯迅の精神的閲歴を検討することによって[13]その原因を追究することは、ここでは措くが、中国の現状に革命の必要性や必然性は認めつつも、その動力としての、サイエンスやデモクラシーといった外来思想に、無条件では同意できなかった、その現実の機能についてかなり深い疑問を抱いていたようであることは確かである。

一般論的に言えば、理想としてのデモクラシーが、ほかならぬ大衆の未成熟あるいは暗愚によって裏切られたり、サイエンスが、その理論としての純粋さの故に、安易に自己目的化し、民衆生活のレヴェルから遊離しやすいという危険性を持っているのである。

アメリカ帰りの有能な啓蒙家胡適が、その好例である。このひとりの『新青年』の中心メンバーは、やがて魯迅らの論敵となり、ついには中国共産党の政敵になるのである。その胡適に劣らぬだけの、古典の研究や考証にたいする嗜好・能力を持っていた魯迅が、胡適を批判するということは、同時に、自分自身に刃を向けることにもなるわけだが、革命を楽観するには、彼はすでに、辛亥を初めさまざまのものを見すぎてしまっていたのであろう。大同的には文学革命運動に同意しながらも、そういう自らの経験から、ある種の不安や不満を感じとってしまったのであろう。

前置が長くなってしまったが、第三節において二度繰り返される、「もの事はすべて、研究してみないとわからんものだ。[14]」という文は、今述べた、いわばサイエンス信仰にたいする批判を、揶揄の形で表したものである。なお、この揶揄は、序のなかの、「月日は記さざれど、墨色と字体とも一様ならざれば、その一時に成りしにあらざるや必せり。」「日記中に語の誤りあれど、一字も訂正せず。」などの部分に、リアリズムを装ったユーモアとしても用いられている。

また、狂人をとり囲んでいるのは、ごく普通の人々である。ごく普通の人々とは、官や紳によってほしいままに収奪されている民衆のことである。県知事に罰せられたとか、ボス（原文は、「紳士」）にひっぱたかれたとか、具体的経験はさまざまであっても、デモクラシーの見地からすれば、解放、革命を最も必要とする階層である。

ところが、狂人を見る彼らの顔つきは、政治的支配者によって圧迫を加えられたときの表情よりも「おびえる」ほど「すご」いのである。上にたいしては卑屈になり、それだけ下にたいしては居丈高になる。魯迅はそれを〝奴隷根性〟と呼んでいるが、彼らにたいして、デモクラシーという外来思想による上からの啓蒙が、どれほどの有効性を持ち得るのか。彼らを革命するのではなく、彼らが革命するのだという、毛沢東の視点を、当時の魯迅が持ち得べくもなかったとすれば、彼の絶望の深さは、測り難いほどのものであったろう。

狂気に巣くう漠然とした恐怖は、ここで狂人の中に、ひとつの具体的なイメージを結ぶ。やつらは人間を食う↓おれは人間だ⬇やつらはおれが食いたくなったんだ。狂人がこのイメージを得る経緯として、作者は二つのエピソードを用意している。ひとつは、往来で奇妙な女を見たあと、家へ引きもどされ、書斎へ閉じこめられたこと。

なかでも不思議なのは、きのう往来で見たあの女だ。てめぇの息子をなぐりながら《おやじめ！　あたしゃ、おまえさんに食らいついてやらなきゃ腹の虫がおさまらないんだよ》だと。そのくせ、眼はおれのほうに向けている。おれはドキッとして、うろたえてしまった。

ありふれた罵言（あいつは誰にでもすぐ咬みつく、とか、食らいついたら離れない、など、日常それが比喩であることすら意識しないようなことば）と、それを発している女の眼が折檻している息子や怒りの対象である亭主にたいしてでなく、通りがかった狂人に向けられていたこと（これもよくあること）。これが食人イメージの序である。

なおこの箇所原文は「我要咬你几口才出気！」で、直訳すれば、私はおまえに幾口か咬みつくことによってはじめて出気できる、幾口か咬みつかなければ出気できない、というくらいになろうか。そして、「出気」は、怒りをぶちまける、うっぷんをもらす（そのことによってすっきりする）、という意味であるが、それを「食らいつく」と縁語仕立てのようにして「腹の虫がおさまらない」と訳したのは、苦心の名訳と言ってよかろう。

その後狂人は、陳老五《チェンラオウー》（狂人の家の使用人であろう）によって家へ連れもどされ、書斎へ入ると外から鍵をかけられてしまう。書斎、小作人がやってくることなどから、狂人の家が地主読書人階級であることがわかる。それはともかく、書斎に閉じこめられたときに浮んだ、「まるで鶏かあひるでも追い込んだみたいさ」という狂人の妄想は、先ほどの往来での経験の残像であり、連鎖である。鶏かあひるのように、閉じこめられ、飼育され、そしていつかは食われる……。

もうひとつのエピソードは、これはもはや狂人の妄想ではない。はっきりとした食人事件である。狼子村《ランツツオン》という村名も、いかにもそれらしい命名である。その村の大悪人をみんなで殴り殺したのだが、「そいつの内臓をえぐり出して、油でいためて食ったやつがあるそうだ」という話である。

狂人は、狼子村で悪人が食われたという話を聞き、自分もかつて古《クー》家の大福帳を踏んづけたことがあるから悪人と見做されるかもしれぬと、不安になる。また、「やつらは仲たがいすると、すぐ相手を悪人よばわりする」ことに思い至る。好悪の感情が、そのまま善悪の判断になってしまう。単純で恐ろしい世界である。

狂人は、兄貴が論文の書き方を教えてくれたときのことを思い出す。「どんな善人でも少しけなしてやると、マルをたくさんくれた」。この単純な恐怖の世界は、やはり教育によって支えられているのである。

「どんな悪人でも少しけなしてやると、マルをたくさんくれた」ことと同時に、「悪人を弁護してやると『奇想天外』とか『独創的』とほめてくれた」という、逆の例をも思い出して、「やつらが何を考えているのか、おれに見当のつくはずはない」と、狂人は混乱させられているが、これらを総合して考えると、当時の論文の書き方の目標は、善人をけなす、悪人を弁護するというように、他人の論や一般常識というものにたいして、あえて異を唱えて立論することの習練、そういったことが主眼であったように想像される。

「むかしから絶えず、人間を食った」という記憶から、狂人はこんどは研究のために、「歴史をひっくり返してしらべてみ」る。その結果わかったことは、次の三点である。

○この歴史には年代がないこと

○どのページにも「仁義道徳」などの字がくねくね書いてあること
○よく見るとその字間一面に、「食人」の二字が書いてあったこと

まず、歴史に年代がないということはどういうことか。年代とは、歴史という時間の流れを区切ったひとまとまりの時代のことだが、普通われわれはそれらに、たとえば、古代・中世・近世・近代・現代、あるいは、原始共産制社会・古代奴隷制社会・中世封建制社会・近代資本主義社会等の名を与えて呼んでいる。これらの命名のしかたには、歴史は、細部に曲折はあるにしても、巨視的に見れば進歩発展(少なくとも変化)しているという、いわゆる発展的歴史観というものがうかがわれる。

ということは、年代のない歴史ということは、その歴史の進歩発展(あるいは変化)を、認めることができないということである。「この歴史」つまり中国の歴史には、めまぐるしい王朝交替の劇はあるものの、そこに何らの進展変化を認めることができない、つまり、人民(被治者)の側とはまったく無縁のものである、そういう認識である。こういう、いわば循環史観とも名付くべき考えかたを、魯迅は後に、次のような簡潔かつ激しいことばで表している。

体面を重んずる学者たちが、歴史編纂に当たって「漢族発祥の時代」、「漢族発達の時代」「漢族中興の時代」などと結構な項目を如何《いか》ように麗々しく並べ立てたところで、その悪気のなさは有難いと思うのだが、表現があまりにもまわりくどいのだ。もっと、ズバリと明快な言い方がある——

一、奴隷になりたくてもなれなかった時代
二、しばらくは平穏に奴隷でいられた時代

これが交互にあらわれるのが「先儒」のいわゆる「一治一乱」で、[15]（後略）

また、アジアにおける、自力で封建専制君主を廃した最初の革命である辛亥革命は、『狂人日記』発表に先立つ七年前一九一一年のことだが、魯迅にとっては歴史の循環を脱して第三の時代を画するようなものでなかった、そういう認識もうかがうことができる。[16]

次に、歴史のどのページにも「仁義道徳」などの文字がくねくね書いてある、とはどういうことか。今述べたように魯迅は、中国の歴史を、王朝の絶えまない抗争、交替の、つまり支配者の歴史、と見ている。しかもその何千年にわたって興亡を繰り返した多くの支配者達には、共通するひとつの大きな特徴がある。それは、「仁義道徳」など、つまり孔教を崇拝し、それを支配教学としたということである。それは辛亥以後中華民国となってからも、袁世凱・張勲などの軍閥支配者によって、変わることなく、ある意味ではより強固に、受け継がれていったのである。

前にも述べたことだが、科学（サイエンス）と民主（デモクラシー）を標榜した『新青年』（文学革命）が、この孔教を、打倒すべき最大の攻撃目標にしたことも、故なしとしないのである。魯迅自身、この文学革命運動全体の局面において、けっして先頭に立ってそれを指導牽引していったわけではないが、孔教批判という一点においては、終始激しい攻撃の矢を放ち続けた。その証拠は、彼の著作からいくつもあげることができる。彼の著作の大半がそれであると言ってもよい。

最後に、「仁義道徳」などの字がつまった歴史の、字間一面に「食人」の二字が現れ出たことの意味について考える。

いったいこの『狂人日記』という小品が、発表と同時に一部の青年達に大きな衝撃を与え、その後、中国近代文学史の出発点を画する作品となり得たのは、何故であろうか。白話文という新しい文体の創出と並ぶ、内容面での新しさ、衝撃力は、いったい何だったのだろうか。

封建的家族制度、それを支える孔教批判というテーマ性。しかしこれは、今まで何度も触れたように、当時の『新青年』つまり文学革命運動の、統一テーマ、合言葉であったのであり、この作品がとりわけ先端的であったというわけではない。

それでは、食人というショッキングな話柄。確かに食人ということばには、一種異様な気味悪さが漂っている。しかしこれとても、魯迅がヒントにしたと自ら言う[17]『資治通鑑』が、中国知識人の間できわめてポピュラーな書物であることから、あるいは、桑原隲蔵の論文などから知れるように、新たに明らかにされた事実などではなかった。俗に中国の奇習と呼ばれる、弁髪あるいは纏足に比べて、食人ははるかにその恥部と意識されるに値することがらではあっただろうが。

ポイントは、前記の二つ、つまり孔教批判と食人とを、結びつけたところにあるのである。中国の歴史には年代がない。そこに貫流しているのは、「仁義道徳」等の孔教倫理である。そして、美しい言葉で飾られ万人に尊重され得るようなその「仁義道徳」の裏側には、表面の美しさとはまさに正反対のおぞましい食人の風習が隠されていたのである。長い歴史を貫き、国民全体を骨がらみにしてしまっている孔教道徳という支配原理にたいする攻撃は、その聖性の裏側にぴったりと、食人という最も醜悪なるものが貼りついているという表現をとることによって、きわめて大きな衝撃的効果を持ち得たように思われる。

裏側に隠されているとか裏側に貼りついているとかの言いかたは、まだ適切でないかもしれない。両者は同じものの表と裏、いや、後に見るように、まったくの同一物なのである。したがって、孔教の聖性とは、人為的虚構の、虚偽の聖性なのである。また、両者を結びつけた表現が効果を持ち得たという言いかたも、おそらく正しくない。魯迅は二つのものを結びつけたのではない。二つのものが同一物であることを発見したのである。それは魯迅にとって、確信ですらあった。

孔教がどのようにして人を食うか。一九一四年三月、中華民国大総統袁世凱は、封建的礼教擁護を旨とする「褒揚条例」を頒布し、「婦女の貞操節烈にして、世を教化しうるもの」に扁額、題字、褒章などを与え奨励すると規定した。「五四」前後にいたるまで、なお新聞雑誌には、いつも「節婦」、「烈女」を頌揚する記事や詩文が掲載された。(18) そのような風潮にたいして、魯迅は『私の節烈観』(19)という文章を書いた。一九一八年七月、『狂人日記』の三か月ほど後のことである。

節と烈とは、以前は男子の美徳ともされたものである。だから、「節士」「烈士」の名称があった。しかし、現在いう「節烈の表彰」の対象は女子にかぎり、男子はそこに含まない。近ごろの道徳家の見解に従って定義すれば、おそらく、こうである。節とは、夫が死んでも絶対に再婚も私通もしないこと。夫が早く死ねば死ぬほど、家が貧しければ貧しいほど、彼女の節は高くなる。烈のほうには二種ある。一つは、既婚未婚を問わず、夫が死んだなら後を追って自害すること。一つは、暴漢に強姦されそうになった場合、自分で命を絶つか、あるいは抵抗して殺されること。そのどちらでもよい。この場合も、死に方が悲惨であればあるほど、彼女の烈は高くなる。もしも、抵抗しきれずに強姦されてしまい、それから命を絶ったとなると、とやかく言われかねない。万一、幸いにして心の広い道徳家にめぐり遭えば、情状酌量されて、烈の一字を許されるかもしれない。しかし文人や学者は、もう、彼女のために伝を書きたいとは思わぬだろう。無理に筆をとらせても、「惜しいかな、惜しいかな」を、終《しま》いにいくつもつけるのが落ちである。

要するに、女は、夫が死んだら節を守りつづけるか、死んでしまうかである。暴漢に出遭ったら、死んでしまわねばならぬ。

最後に、比喩と呼ばれるところの、ことばの力について考えてみたい。一般的に比喩という技法はたとえば、「蜜のような言葉」のように、「言葉」をより強調して印象を深めたり、よりわかりやすく説明したりするために、「蜜」という他の具体的事物を併置する表現法である。この作品においても、「仁義道徳」という抽象的事物を、「食人」という具体的イメージで形容しているわけだが、その「食人」という具体イメージは、狂人の幻覚という増幅器を通過させられることによって、歴史年表に記載されているような実際の事件や隣村であったというような個々の事実という具体性を超えて、より高度に抽象化された意味を与えられているように思われる。肉体を食われるという痛覚的な恐怖を超えて、全存在を食われるという、全人格的精神的恐怖の表現にまでなっている。

「人を食った話」という比喩的常套句が、具体的行為としての「食人」を暗黙のうちにあり得ぬことと前提し、その分その恐怖を薄める形で抽象化しているのにたいして、ここでは逆に、「食人」をありふれた事実とし、さらに被害妄想という狂人の感性を利用することによって、より強烈な恐怖のイメージを生み出す抽象化に、みごとに成功している、と言える。

6

陳老五が朝食を運んでくる。そのうちの一皿は蒸し魚。魚は、肉など他の食べ物と違って、生きているときの形のまま丸ごと食べる場合が多い。口があり眼がある。食べる人間を恐れているように、あるいは怨んでいるように見えるときがある。あの、自分をねらっている人間たちと同じ眼。

視覚の妄想が、味覚に影響をおよぼす。人間に食われることを恐れている自分が、反対に、人間を食っているような錯覚に襲われる。自分も人間を食ったことがあるのかもしれぬと考える後の部分への、巧妙な伏線になっている。

兄貴が診察のために招んだ何《ホー》先生という老医師をも、狂人は「首斬り人の化けたのだ」と考えてしまう。「脈を見るという口実で肉づきの加減を見るにきまっている」と思う。診察のしぐさや、その結果を考える様子も、「長いこともそもそやって、[20]長いことぽかんとしていた」と見える。

「仁義道徳」という孔教の聖性を、「食人」という、まったく正反対の、獣性に反転した狂人の幻想は、病気を治すべき医師を、これまた正反対の、首斬り人に逆転させてしまう。この狂人の逆転の論理は、われわれ読者に、よく知られている、医師や医学にたいする魯迅の特別な思いを、想起させずにはおかない。

魯迅の祖父周福清（介孚）が、進士となり都で高級官僚をするほどであったのにたいして（晩年は、科挙における不正事件に連なって下獄するなど不遇であったが）、父周鳳儀（伯宜）は、秀才（科挙の予備段階の試験合格者）にこそなったものの、その上の段階である、郷試には何度受けても合格しなかった。病弱なうえに阿片吸飲者で、魯迅十五歳の一八九六年、三十七歳の若さで、失意のうちに亡くなる。その、父親の病気のときのことを魯迅は、『吶喊』自序のなかに、次のように書いている。

私は、かつて四年あまりの間、しょっちゅう——ほとんど毎日、質屋と薬屋にかよいつめた。年齢は忘れてしまったが、ともかく薬屋のカウンターが私の背丈ほどあり、質屋のそれは背丈の倍ほどあった。私は、背丈の倍ほどあるカウンターの外から、着物や髪かざりなどをさし出し、さげすまれながら金を受取り、それから背丈ほどのカウンターへ行って、長わずらいの父のために薬を買った。家に帰れば帰るで、また仕事が山ほどあった。かかりつけの医者が名医の評判高い人なので、その処方では添加物も奇妙なものばかり――冬に取れた蘆の根、三年霜にあたった砂糖きび、つがいのコーロギ、実のついた平地木《ピンティームー》……容易なことでは手に入らぬ品物ばかりである。それほどにしても父は、病が日ましに重くなり、とうとう死んでしまった。

この経験は、医者や医学にたいして、徹底的な不信感を魯迅に植えつけた。しかしそれらは何れも、中国医、中国医学にたいするそれであり、医学そのものにたいする不信ではなかった。かえってこのことを通して魯迅は、西洋医学を自らの進路として選び取ることになるのである。再び『吶喊』の自序による。

……私は、漢方医というものは意識するとしないとにかかわらず一種の騙りに過ぎない、と次第にさとるようになった。そして騙られた病人と、その家族に深く同情した。また翻訳された歴史書によって、日本の維新がかなりの部分、西洋医学に端を発している事実をも知ったのである。

その結果、日本へ留学し仙台の医学専門学校へ入るのだが、そこで経験するあの有名な「幻燈事件」は、医学そのものにたいする決定的な不信感（無力感）を、魯迅に与えることになる。その事件の詳細は省略するが、医学を捨てることになった魯迅の結論は、やはり『吶喊』自序において、次のように語られる。

その学年がおわる前に、私は東京にもどっていた。あのこと（幻燈事件――筆者注）があって以来、私は、医学などは肝要でない、と考えるようになった。愚弱な国民は、たとい体格がよく、どんなに頑強であっても、せいぜいくだらぬ見せしめの材料と、その見物人になるだけだ。病気したり死んだりする人間がたとい多かろうと、そんなことは不幸とまではいえぬのだ。むしろわれわれの最初に果すべき任務は、かれらの精神を改造することだ。そして、精神の改造に役立つものといえば、当時の私の考えでは、むろん文芸が第一だった。そこで文芸運動をおこす気になった。

これらを通して、『狂人日記』のこの部分を読むとき、医者を首斬り人と考える狂人の妄想、それを着想した作者の論理、それは、単なる思いつきやレトリックではないということがわかる。そしてそれは、作品全体が持つリアリティの、ひとつのディテイルになっている。魯迅にとって、父親は医者に殺されたのである。

「くよくよせんでな。静かに養生すればすぐによくなります」と医者は言う。いったい、「よく」なるということはどういうことか。誰にとって「よく」なるのか。人に食われるために「よく」なるとすれば、「おれに何のよいことがあるか」。狂人のこの論理は、医学によって「たとい体格がよく、どんなに頑強」になったとしても、それは「せいぜいくだらぬ見せしめの材料と、その見物人になるだけだ」という、『吶喊』自序の思想と、はっきりつながっている。

部屋を出て行ったあと、医者は小声で兄貴にささやく。「服用はなるべく早くな。(21)」医者が兄貴に、自分を食うことを勧めている。これは正確に言えば、妄想というより、妄想が生み出した誤解である。そのように自己増殖するのが妄想の特徴である。それで狂人は、兄貴も「ぐるになっておれを食う人間」であったという大発見をする。

しかしこの発見の衝撃は、狂人にとって、自分の兄貴が人間を食う、ということよりも、自分が人間を食う人間の弟だ、ということのほうが、より大きかったようである。微妙な違いだが、狂人の、外へよりも自分の内へ向かう、いわば倫理的ともいえるこの感受性には、魯迅自身の姿が反映されていよう。

狂人が、地主読書人階級の二男（?、長男ではない）で、長男である兄貴にすら被害妄想を抱いている存在であるのにたいして、魯迅は、同じく（没落した）地主読書人階級の出身ではあるが、長男であり、作人、建人という二人の弟の兄貴なのである。魯迅がその二人の弟にたいして、勉学、生活、留学、就職等、あらゆる面にわたって、非常によく世話をしたということは、その具体例を挙げるまでもないことである。それは、兄として、あるいは早くに父を亡くした後の、周家の家長としての、当然の責任感によるものともいえるが、一方で、兄であり家長でありながら、若くして家を離れ、母親にも二人の弟たちにも何もそれらしいことをしてやれなかった、もっと言えば、弟達に犠牲を強いるような形で自分の生きかたを求め続けてきたという、負い目の意識によるもの、とも言えよう。『狂人日記』執筆の翌年一九一九年、魯迅は『国民公報』に『私の弟』[22]と題する短文を書いている。やや長い引用になるが、次にその全文を引いておく。


私は凧上げを好まなかったが、私の末の弟は凧上げが好きだった。

私の父親が死んでから、家には銭がなくなった。弟がどんなに一生懸命でも、一つの凧も手に入れられなかった。

ある日の午後、私が一間の日ごろ使っていない部屋にいってみると、弟が隠れて凧を作っていた。何本かの竹ひごは自分で削ったもので、何枚かの丈夫な紙は自分で買って来たのだ。四つの風輪はもう糊づけができていた。

私は凧上げを好まなかったし、とりわけ弟が凧を上げるのを嫌っていたので、カッとなって風輪を踏みつぶし、竹ひごを折り、紙も引き破ってしまった。

私の弟は大声で泣きながら出ていって、しょんぼりと廊下に坐りこんでいた。それからどうしたかは、その時まるでかまってやらなかったから、何も知らない。

私はその後自分が悪かったことを悟った。だが私の弟は私のこの誤りをすっかり忘れてしまって、あい変わらず、とても仲良げに「兄ちゃん」と呼ぶのだった。

私はとても済まなく思って、このことを彼に話して聞かせたが、彼はまるで、ぼんやりとさえ憶えていなかった。そしてやはり変わらずとても仲良げに、私に向かって、「兄ちゃん」と呼ぶのである。

ああ、私の弟よ。お前が私の悪かったことを憶えていないのでは、私はお前の許しを乞うこともできないのか？

しかし、それでも私はお前の許しを乞おう！

7

諸注によれば、李時珍は明代の本草学者で、その著『本草綱目』は、従来の本草学を集大成したものだが、そのなかに人肉が食用薬用になるという記述はないそうである。かえって、唐代の陳蔵器『本草拾遺』中の、人肉で肺炎を治すという記事に、異議を唱えているという。(23)

ということは、序の「荒唐の言また多し」「語の誤りあれど、一字も訂正せず」などとしておいた仮構を利用して、最著名な本草学者李時珍の名を掲げることによって、読者にたいする印象を強めようとする筆法、と考えることができようか。

また、この李時珍のこと、および「子を易《か》えて食う」(24)、「肉を食らい、皮に寝《い》ぬ」(25)という古典からの引例は、前に出てきた、この国の歴史書の一面に「食人」の二字が書いてある、ということの例証にもなっている。

8

本文第六節は、原文では三つの文から成る短いものである（訳は四つの文に訳している）。

A、まっ暗だ。昼だか夜だかわからん。
B、趙家の犬がまたほえ出した。
C、獅子のような凶暴さ、兎の臆病、狐の狡猾……

それぞれについて、『魯迅作品教学難点試析』（薛綏之・柳尚彭共著、一九八一年上海教育出版社刊）では、次のように解説している。

Aは旧社会の暗黒を、Bはその恐怖を、それぞれ説明形容したもので、Cは、食人者つまり封建統治階級の凶悪な、怯弱な、狡猾な本質を、あざやかなイメージで表現したものである。

9

狂人は考える。もし自分が、やつらの計略にひっかかって自殺でもしたら、やつらは殺人の罪名を着ないで、しかも念願がかなう。そうするとやつらは、「おどりあがって喜んでキャーキャー言うだろうな」。

傍線部原文は「発出一種嗚嗚咽咽的笑声」。学習研究社出版『魯迅全集』（丸山昇訳）では、「オイオイという笑い声を出すだろう」と訳し、「死者への泣き声を、喜びの笑い声だとした」という訳注を付けている。

つまり、「嗚嗚咽咽」は死者を哀悼する悲鳴、嗚咽を形容することばであるが、そのことばを、「笑声（死者の肉を食える喜びの）」で受けている、ということである。狂気と正気、仁義道徳と食人、医師と首斬り人等、作品全体を通して見られる、逆転の発想の、ひとつの小さな現れ、とみることもできよう。

直接関係はないが、古来中国には（日本や朝鮮にも）、哭女というものがあった。葬式に雇われて号泣することを職業とする女である。彼女らの泣声や涙は、喜びとまでは言わぬにしても、ほんとうの悲しみではない。ビジネスであった。『広辞苑』によれば、「その代金により一升泣、二升泣などという」とある。そういう職業人はともかく、人の死に際して集まった普通の人たちも、その心中は、必ずしも悲しみばかりではなかろう。少なくとも、その悲しみは、一様ではないはずである。

「ハイエナ」という動物が出てくる。『魯迅全集』の原注には、次のような説明がある。

〔原文「海乙那」〕。英語 Hyena の音訳。鬣狗《リュコウ》（一名、土狼《トウラン》）のこと。食肉獣の一種。いつも獅子、虎など猛獣の後に従い、それらが食べ残した獣類の死骸を食べ物とする。

古今東西を通じて、人に危害を与える代表的な動物のひとつは、狼である。今は通常、動物園でしか見られないが、魯迅当時はそれほど珍しい存在ではなかったようである。『阿Q正伝』にも出てくる。最後のところ、阿Qが群衆の前で処刑される直前、過去のある経験を思い出す場面である。

四年前、かれは山の麓で一匹の飢えた狼に出あったことがある。狼は近づきも遠のきもせずに、かれを食おうとして、いつまでもあとをつけてきた。あまりの恐ろしさに生きた心地はなかった。さいわい鉈が一挺あったお陰で、どうにか無事に未荘にたどりついたが、あのときの狼の眼は忘れようにも忘れられない。残忍な、それでいて臆病な、きらきら鬼火のように光る眼、それがはるか遠くからかれの皮と肉をつき刺すような気がしたものだ。

残忍でかつ臆病な狼、それに比べて、死肉しか食べないというハイエナは、いっそう醜悪である。自らは手を下さずに、狂人が自殺するのを待ってからそれを食おうとする「やつら」がそれに譬えられているのだが、そうすると、「やつら」は犬や狼などよりも残忍で醜悪だということになる。

処刑される前、かつての狼の眼を思い出した阿Qは、その直後、その狼の眼よりもさらに恐ろしい眼を発見する。処刑を見物しようと、阿Qのまわりを好奇心のみで取り囲んでいる人間の眼である。先の引用部分の続きである。

ところが今度という今度、かれはこれまで見たこともない、もっと恐ろしい眼を見た。にぶい、それでいて棘のある眼。かれのことばを嚙みくだいたばかりでなく、かれの皮と肉以外のものまで嚙みくだこうとするかのように、近づきも遠のきもせずに、いつまでもあとをつけてくる。

この眼たちは、すっとひとつに合体したかと思うと、もうかれの魂に嚙みついていた。

狼は「皮と肉（肉体）を嚙みくだくが、人間は、「ことば」や「魂」までも嚙みくだく。『狂人日記』と『阿Q正伝』、二つの作品のつながりや、そこに流れている魯迅の人間観[26]がうかがえるところである。

「おれは、人間を食う人間を呪うのに、まず兄貴から呪いはじめよう。人間を食う人間を改心させるのに、まず兄貴から改心させよう」。

狂人は、人間を食う人間を、呪い、そして改心させようと考える。これは、『吶喊』自序に語られる、仙台におけるあの「幻燈事件」での魯迅の考えと、相似形のように思われる。

自分の国が、日露という二つの他国の戦争の場になっていること。その一方であるロシアの軍事スパイをはたらいたということで、もう一方の日本軍によって、見せしめのために首を斬りおとされようとしている中国人。その「見せしめの祭典」を「見に来」ている多数の中国人。そして、その画面を、日本人同級生の「拍手と喝采」とに調子を合わせながら見ているひとりの中国人、自分。

それは、羞恥というよりも、もっと直接的で劇しい痛覚として、魯迅を襲ったにちがいない。同情よりも「呪い」を感じたとしても、その感受性を異常とは言えまい。そして、内なる愚弱をそのままにして、外なる頑健さを補強する医学とは、いったい何なのか。改心――「精神を改造すること」――しかない。

しかし魯迅は、この「精神の改造に役立つもの」と考えた「文芸運動」にも挫折する。「原稿」も集まらず、「資本」にも逃げられたのである。その結果、「それまで経験したことのなかった味気なさ」「自分でもわけのわからぬ悲しみ」、つまり「寂寞」を感じるようになる。そしてこの「寂寞」は、次のような自己認識をもたらす。「つまり私は、臂を振って叫べば呼応するもの雲の如しといった英雄ではないのだ」。

国民精神改造の必要性を痛いほど認識しながら、自らはそれをなし得るような英雄でないと観じるとき、そこに絶望が巣くう。絶望は、原理的には、沈黙以外の何らの行為の契機にもなり得ない。一方で教育部の勤勉な官吏であり、他方で熱心に「古い碑文を写していた」北京の数年間がそうであった。

そして、「古い友人の金心異」による強い慫慂によってようやく重い腰を上げ、『狂人日記』の筆を執った魯迅も、けっして再び「英雄」たらんとしたわけではない。「せめてそれによって、寂寞のただ中を突進する勇者に、安んじて先頭をかけられるよう、慰めのひとつも献じたい」からであった。狂人も「臂を振って叫」ぶことはしない。

自分の身の回りから、「まず兄貴から改心させよう」。

ここで思い起されるのは、一九二三年十二月二十六日、北京女子高等師範学校において魯迅が行った、『ノラは家を出てからどうなったか』[27]という有名な講演である。彼は、女性の自立や解放の問題について、参政権や広大な女性解放の類を要求するといった大きな行為よりも、経済権を要求するような比較的小さな行為のほうがやっかいでむずかしい場合があると、次のような例をあげて述べている。

たとえば、今のような冬に、私たちにはこの綿入れ一枚しかないのですが、凍えて死にかかっている貧者を助けねばならない、できなければ菩提樹の下に坐って全人類を済度する方法を瞑想しなければならぬとします。全人類を済度するのと、一人の人間を活かすのとでは、事の大小はまことに度はずれてかけ離れております。しかし、もし選べといわれれば、私は即刻、菩提樹の下へ行って坐りましょう。たった一枚の綿入れを脱いで自分が凍え死んでしまうのは御免ですからね。

そして、自分たちの生活を進歩前進させるには、「将来親権を利用して自分の子供を解放する」のが最上だとし、その方法について実に具体的に説明する。

……めいめい note-book を一冊買い、自分のいま考えていること、していることを全部書きとめておいて、将来年齢と地位がすっかり変わってしまったときの参考とすればよい。かりに、子供が公園に行きたいというのをいまいましく思うとき、ノートをとり出してめくりますと、「わたしは中央公園に行きたいな」と書いてあるのが目にとまります。するとすぐに気持が平静になります。その他のことも同様です。

10

第八節は、狂人の見た夢の記述のようである。不意に、二十歳前後の一人の青年が、狂人のところへやってくる。その青年に狂人は、「人間を食うことは正しいか?」と、同じような質問を、何度も（数えてみると、六度）くりかえす。それにたいして青年のほうは、終始曖昧な態度をとりつづける。青年の返答を順に列挙する。


「飢饉でもないのに、人間を食ったりするものか」

「そんなことを聞いて、どうするんです。あなたはまったく……冗談がうまい……きょうは、いい天気ですね」

「いや……」

「そんなばかな……」

「そりゃ、あるかもしれませんがね、昔からそうだったので……」

「そんな議論、あなたとはしませんよ。ともかく、あなたはしゃべってはいけない。おっしゃることはみな、まちがいです」


これらの返答からわかることは、食人の事実の存否そのものではなく、それを認めるかどうか（どうごまかすか）ということのほうが、青年にとっては大きな問題であるらしい、ということである。食人という事実があったかどうか（今もあるかどうか）、それは正しいことかどうか、そういうことについて、考えたり議論したりすることを、できるだけ避けたい、そういう意識である。

この作品が書かれた、一九一八年における（この時点だけに限らないが）、いわゆる半植民地状態の中国と、それにたいする当時の中国支配者階級の、認識や対応のありようと、それは似通っている点があるようにも思われる。半植民状態であるかどうかではなく、それを認めるかどうかが問題で、でき得るかぎりその問題には触れたくない。

さらに重要なことは、狂人の議論の相手に、二十歳前後の青年が選ばれていることである。元来青年は、既存の社会に絶えず不満を抱くものであり、過去よりも未来を見つめるものであり、したがって、社会変革の主体になり、その最前線に立つものである。あるいは、そういう存在として、常に期待されるものである。ところがここに登場する青年は、そういう一般的な青年像とは、およそ正反対のものである。

それでは、魯迅は、青年をどう見ていたか。全体的にみて、つまり魯迅の生涯を通じて、青年（若い世代）に期待し、激励し、自らはその活動のための犠牲になり、またはその活動のための邪魔ものにならぬようにした(28)。それは明らかなことである。しかし一方で、時に不信を抱き、怒りを感じたこともある(29)。これも事実である。次に述べた人民大衆にたいする思いと、それは揆を一にしている。

これは、竹内好のいう、「魯迅は、本質において一個の矛盾である」(30)ということのひとつの表れであるが、同時に、魯迅の絶望の底知れぬ深さを表すものでもあろう。魯迅の絶望は、状況が一変すれば即座に希望に転ずるようなそれではない。希望と裏表の、あるいは希望と反対語としての絶望、そういう単純な図式ではなく、本来希望を託すべきそのものに絶望させられる、絶望的事態そのものに希望を託さざるを得ない(31)、そういう、ことばでは明示し難いような深淵を、魯迅の絶望（寂寞も）は、湛えているように思われる。

11

中国の近代は、一八四〇年のアヘン戦争から始まるというのが定説だが、その始まりに象徴されているように、それは、ヨーロッパ・日本の、いわゆる列強による侵略と分割の一世紀であった。中国はまさに、狼どもに食いちらされる一匹の兎であった。

その一世紀を、受難の歴史として書くことは易しい。加害者列強は悪玉であり、中国はつねに痛ましいその犠牲者、被害者である。しかし魯迅は、それほど単純化して考えることはできなかった。被害者である中国自身の中に、中国を被害者たらしめているもの、を見てしまうのである。アヘン戦争以来、東西の列強が中国を侵略の好餌としつづけたことは事実だが、それを助けたのが、中国為政者の弱腰であり、一貫性の無さであったこと、これまた事実である。魯迅がそのことを見抜いていたのは明らかであるが、彼の眼はさらに、そのような支配者を持っている（そのような支配者しか持ち得ぬ）、自分をも含めた国民全体にまで向けられるのである。

まわりの者が皆自分を食おうと狙っているとき、その魔手から逃れることは易しいことでない。自分のほうでも、スキがあれば他を食ってやろうと狙っているとすれば、状況はさらに危険なものになる。「軍閥混戦」の時代と呼ばれる民国前半期は、いわばそういう時代であった。中国全体の上に振りおろされつつある「大きな鞭」に気づかず（気づこうとせず）、それぞれの軍閥が、自己の勢力や利益を守るための争いに熱中し、お互いに疑心暗鬼の状態になっている。その一九一二年から二六年まで、魯迅は首都北京に在り『狂人日記』を初め、彼の小説作品のほとんどすべてを、そこで書く。「自分では人間が食いたいくせに、他人からは食われまいとする。だから疑心暗鬼で、お互いじろじろ相手を盗み見て……」。第九節の冒頭は、今述べたような状況が、反映されていると思われる。

続けて狂人は、その解決法を示す。「こんな考えを棄てて、安心して仕事をし、往来を歩き、飯を食い、睡ったら、どんなに気持ちがいいだろう」。解決法というよりも、理想のようなものである。第八節が眠りのなかで見る夢であったとすれば、この第九節は、目醒めて見る夢とも言えようか。その「気持ちがいい」状態になるには、「それはほんのひと跨ぎ、ひとつの関を越えるだけだ」と、狂人は言う。

この「ひと跨ぎ」「ひとつの関」とは？　それはおそらく、少なくとも自分だけは人間を食わないと決意すること、であろう。まず誰かが、自分は食わぬ、と決意しないかぎり、この疑心暗鬼の世界が、一歩も解消の方向へ前進し始めないことはたしかであり、したがって、この方法の正しさは疑うことができない。それ以外の方法はない、とも言える。また、他を説得したり、全員にたいして食わないようにという運動を展開することよりも、自ら決意することのほうが、はるかに易しいということも、理念的にはその通りである。

しかし実際には、前にも引いた魯迅の言いかたに倣えば、大きな行為よりも小さな行為のほうが、はるかにやっかいで難しいのである（中国が、列強の圧迫から脱し、封建制の桎梏から解放されるには、魯迅が『狂人日記』を書いてから後、実に三十年の時間を要している）。なぜなら、食わぬと決意するということは、一方的に食われることの危険を覚悟することだからである。食わずに食われる、そういう自己犠牲の集積によってしか、全体は救われ得ない。しかるにまわりの現実は、「だが、やつらは親子、兄弟、夫婦、友人、師弟、仇敵、それに見も知らぬ他人同士までいっしょになって、お互いにはげましあい、お互いに牽制しあって、死んでもこの一歩を踏み越そうとしないのだ」[32]。魯迅は、民族の欠点を意識してこのことばを書いているのだろうが、われわれには、人間というものの弱さ、哀しさといったようなものにも読める。

12

狂人が兄貴を改心させるために用いたのは、一種の生物進化論である。もちろん、人間を食う野蛮な人間から、

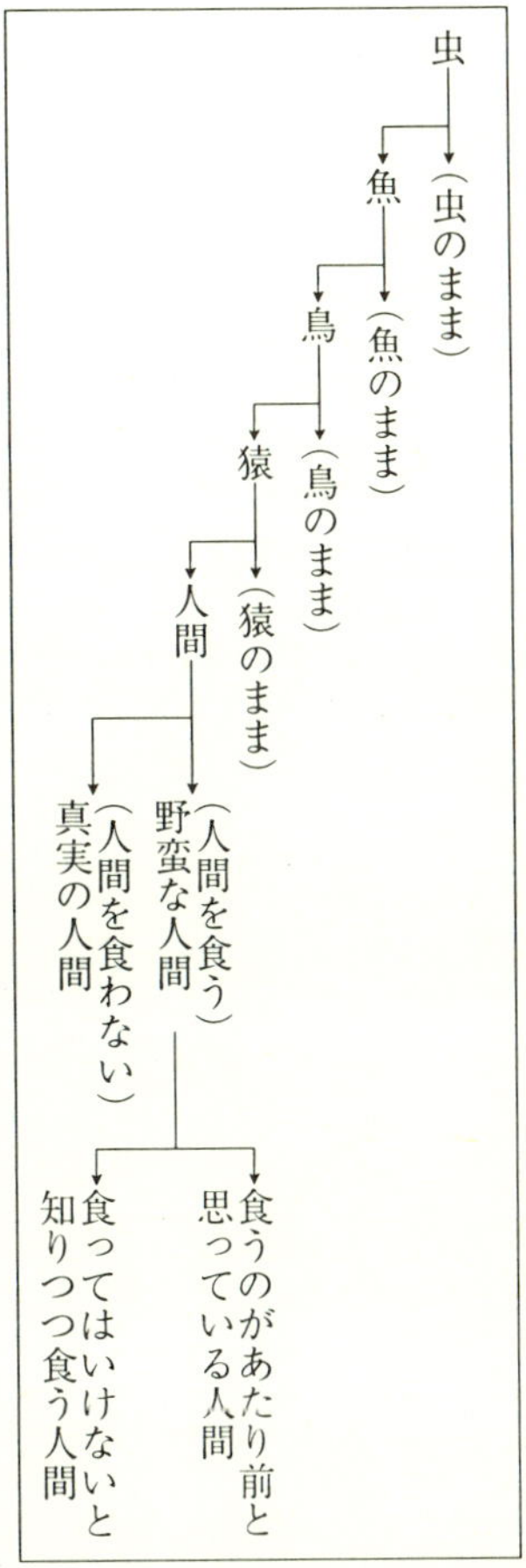

人間を食わない真の人間への進化ということが論の中心なのだが、そこには、次のようなポイントがある。

○考えを変え、ひたすらよくなろうと努力することによって進化できる。
○進化しない野蛮な人間は、進化した真の人間にたいして、虫が猿にたいして恥ずかしいよりも、もっともっと恥ずかしい。
○人間が虫を殺し魚を採り鳥を狩るように、いずれ野蛮な人間も真の人間によってほろぼされてしまう。
○食うのがあたり前と思っている人間と、食ってはいけないと知りつつ食いたがっている人間は、その進化の一過程を示している。

魯迅が（魯迅にかぎらずその時期の多くの知識人も）、若いある時代に、進化論の影響を大きく受けたことは、よく知

られている。魯迅は、日本留学中の一九〇七年に、『人の歴史』[33]という文章を書き、月刊誌『河南』第一号に発表している。「ドイツ人ヘッケル氏の種族発生学の一元的研究の解説」という副題が付けられたこの文章は、ギリシャのターレスに始まり、中世の停滞期を経て、ダーウィンによって大成され、ヘッケル、ハックスリーなどによってさらに発展させられた、ヨーロッパにおける生物進化論の概要を、中国に紹介した初期の重要な論文とされている。

適者生存、自然淘汰等の語で端的に表現される、いわゆるダーウィニズムは、生物学界だけでなく、近代世界の広範な分野において、測り知れない大きな影響を与えた思想の一つであった。元来は生物学という自然科学におけるこの理論が、人間の生きかたや民族の将来といった、思想や政治の領域で読まれるとき、努力によって進化できるとか、したがって、進化しないことは恥ずかしいことであるとかの、道徳に翻訳されたり、また、弱者が強者にほろぼされること（弱肉強食）を当然視するような、力の論理に置き換えられたりすることは（この作品執筆時点での魯迅がそのようであったというわけでは、必ずしもない。正確に跡づけることは難しいが、一九〇七年から十年余を経ており――これは十年間という時間の長さだけでなく、その間の、辛亥革命その他魯迅にとって、その思想に何らかの変化をもたらすにじゅうぶんな密度を持つ時間であったはず――それにこの作品においては、狂人のことばゆえの、飛躍や極端さがみられる）、宗教にかわって科学が、絶大な権威を持つようになった、十九世紀から二十世紀初頭というこの時代においては、やむを得なかったことかもしれない。

魯迅個人においても、また、近代思想全体というレヴェルにおいても、ダーウィニズムはしだいに克服されて行くのだが、それは措く。ここでは、祖国やその人民を弱者、劣等者と観ずる、厳しく哀しい自己認識と、そこからくる滅亡（絶望）への予感のなかで、その絶望自体の翼で羽搏うとする救国の叫びを読み取りたい。余談だが、自らを「神国」とする、これまた哀しい驕慢な自己認識と、そのどちらかが有効であるか、歴史の審判を俟つしかない。当時の魯迅にも、おそらくそれは、まだじゅうぶんには見えていない。

狂人は言う。心を入れかえて、一言「いけない」[34]と言えばよい。兄さんは言えるはずだ。小作人の年貢軽減要求にたいして、はっきり「いけない」と言えたのだから。これは、地主の兄にたいする皮肉である。だから「はじめのうち、兄貴は冷笑をうかべるだけだったが、やがて眼つきがけわしく」なる。だが、狂人はその皮肉を、意識して発したわけではなく(自分のことばに皮肉が含まれていることに、気づいてもいない)、小作人は人を食うような者たちだ、その小作人たちにたいして兄さんは、ともかくはっきりと「いけない」と言えた、そう言っているだけである。ということは、この皮肉は、魯迅が発したのである。そこにおのずとユーモアが生れる。針のような皮肉をうちに秘めたこの種のユーモアは、魯迅文体の大きな特徴のひとつである。

「あらかじめ気ちがいという口実を、おれにおっかぶせるために用意してあるのだ。こうしておけば、あとで食っても太平無事だし、なかには無理ないと察するものもいようというものだ」。

時代に先んじているために、世の人に見えないものが見えてしまう人が、そのために狂人にされ迫害される例は、けっして珍しいことではない。

中国革命同盟会の発起人のひとりであり、日本政府の清国留学生取締規則に反対して、一九〇五年大森海岸に投身自殺した陳天華《チェンティエンホア》。反清革命を唱え、国民の奴隷根性一新を説く『革命軍』を著し、そのために、同じ一九〇五年に獄死した鄒容《ツォウロン》。紹興における軍事蜂起に失敗し、一九〇七年に逮捕処刑された秋瑾《チュウチン》。これらは何れも魯迅のまぢかにみたその例だが、敢えてその意味での深読みをするならば、魯迅の胸中に浮んでいたかもしれぬ人物として、他の誰よりも章炳麟《チャンピンリン》が適当であるように思われる。

章炳麟は魯迅と同じ浙江省の人。鄒容の『革命軍』の序文を書いて投獄され、獄中で光復会を結成。出獄後日本に渡り、革命のためにはなばなしい文筆活動を展開するかたわら、魯迅らに国学を講義した。辛亥の報を聞き帰国。

孫文の南京政府にやや批判的だった彼は、清朝の復辟阻止のために、袁世凱総統、北京建都を主張する。そして、袁が北京で臨時大総統に就任したのが、一九一二年三月十日、その招請に応じて章が北京に着いたのが四月二十八日、魯迅の入京は五月五日であった。

しかし章が北京で得たものは、袁世凱にたいする幻滅だけであった。皇帝への野望を次第に露わにする袁にたいして、章は反袁感情を強めていく。結婚のため一時南方に帰っていた章は、一九一三年八月十一日、危険を承知で、虎口に入るように北京に入る。そしてその時から、袁世凱が急死するまでの足掛け四年間、気ちがい扱いされ（「章瘋子」と呼ばれた）、政治的発言や行動を全く封じられた幽囚の身として過すことになる。[35] その幽閉先を、魯迅が何度も訪れたことを、その日記の記事からうかがうことができる。[36]

『狂人日記』の主人公のモデルとして、魯迅の近親者に実在した精神病者[37]が問題にされることがあるが、辛亥の革命精神にそのすべてを賭けながら、肉体的にはそれに殉じて英雄烈士となることもなく（没年は魯迅と同じ一九三六年）、袁世凱によって政治的精神的生命を奪われ了わった、この「章瘋子」との関連も、一考の価値があるように思われる。師章炳麟が強いられた狂気の中に幽閉されている間、弟子魯迅は、勤勉な官吏を勤めながら、金石文と古典の中に自らを埋没させて、「寂寞」の時を過していたのである。

狂人の被害妄想の対象は、人間（に食われる）から、物（梁や垂木、つまり家に圧殺される）におよぶ。梁や垂木という家の部分品が、家そのもの、家という制度を表していることは、いうまでもない。修身・斉家・治国・平天下の言葉が示すように、儒教という支配教学は、家父長の絶対支配による家という単位をその基盤にしており、その延長上に、家の擬制としての国家を構想するというのが、その基本的枠組みであった。

狂人と違って、長男・家長という立場にあった魯迅にとって、その家の重みがいかほどのものであったか、『狂人日記』執筆時点までの彼の履歴から、簡単に拾ってみる。

一八九三年　祖父下獄、母方の親戚にあずけられる。（12歳）
一八九四年　父重病、周家没落。（13歳）
一八九六年　父死。（15歳）
一八九八年　科挙受験。（17歳）
一九〇四年　祖父死。（23歳）
一九〇六年　留学中の日本より一時帰国、母の命により朱安と結婚。
　　　　数日にして、弟作人を伴って再び渡日。（25歳）
一九一〇年　祖母死、その葬式をつかさどる。（29歳）
一九一七年　弟作人を郷里から北京に迎える。（36歳）

家の没落、旧式の結婚、母と二人の弟の扶養……心に新しい知識や思想を抱きながら、旧社会における家長の役割を果しつづける魯迅。その矛盾のなかに、彼の言い知れぬ苦悩が見てとれる。
これも余談だが、魯迅よりも一世代後の作家に巴金《バーチン》（一九〇四～）がいる。彼の代表作のひとつである『家』は自伝的作品だが、魯迅自身と同じような三兄弟の生きかたを、激動の世を背景に描いたものである。岩波文庫版の解説（飯塚朗）には次のようにまとめられている。

　この作品の中で作者は三つのちがった性格の青年をつくり出す。第一は覚新《チュエシン》で代表され、現実に不満だが反抗する力はなく、優柔不断で前へは進まず、折衷主義ですべての問題をながめ、結果は自分も封建主義の重圧の下で犠牲になってゆく。第二は覚民《チュエミン》で代表され、彼は覚新のように何もかも耐え忍ぶというのではなく、封建勢力が彼の愛情と幸福を脅かそうとすると立ち上って反抗する。しかし比較的節制をたもって冷静でもある。第三は覚慧《チュエホエ》で代表され、彼はきわめて進歩的で、その反抗精神は堅固である。彼は封建勢力とは決して妥協せず、ついに家をすてて出奔する。作者は覚慧を愛し、覚民には同情を示し、覚新には批判的だ。

晩年の魯迅が（『家』は、一九三一年四月から三二年五月まで『時報』に連載、三三年五月開明書店刊。魯迅の死の三年前のことである）、この三兄弟の、とりわけ、五四運動の洗礼を受けながら、大家族制度の圧迫を一身にうけ、親の決めた結婚に従い、優柔不断のうちについには妻まで出産で死なせてしまう長男覚新の生きかたを、どんな思いで読んだか、興味深いものがある。

ともあれ、儒教に支えられ、儒教を支えつづけてきた家族制度を、怒りをこめて告発し、高らかにその死刑を宣告した『家』と、その重圧の下に呻吟する狂者の苦悶を描いた、暗鬱な『狂人日記』と、この中国近代文学を代表する二つの小説のちがいは、その書かれた時代の差違や、それぞれの作者の資質の相違もさることながら、二人の兄を持つ三男と、反対に二人の弟を持つ長男という、二人の置かれた対照的な立場のちがいによるところも、けっして小さくなかったように思われる。つまり巴金は、四川省成都の官僚地主の三男であった。そして一九二三年十九歳のとき、次兄とともに家を出、一九三一年『家』の新聞連載の筆を執ってまもなく、郷里の長兄自殺の報を受け取っている。

ただ、魯迅も、この梁や垂木の圧迫について、「やつの重さがマヤカシだと気がついたから、身をもがいて抜け出たが……」と書いている。このことばは、果して、魯迅の真実の認識なのだろうか。それとも、「寂寞のただ中を突進する勇者に、安んじて先頭をかけられるよう」に発せられた、「慰め」のための「吶喊の声」だったのだろうか。

13

唐突に、死んだ妹のことが出てくる。閉じこめられた陽も射さぬ部屋で、食事のために箸をとる。その食うという動作から、人を食う兄貴のことを思い出し、それが、妹の死の時の兄貴の様子を喚び起す。妹の死に泣き通しのおふくろにたいして彼は、あまり泣くなと言った。兄貴は妹の死を、それほど悲しんでいない？　なぜ？　そうか、自分が妹を食ったから、あまり泣かれるといくらか気がとがめるのだろう。そういえば自分が幼い頃、「父母が病気になったら、子たるものは自分の肉を一片切り取って、よく煮て父母に食わせなくては、りっぱな人間ではない」(38)と兄貴が教えてくれたことがある。そういう連想の順序であろう。

兄貴はともかく、おふくろはどうか。まさか自分の娘を食うようなことはしないだろうが、兄貴が妹を食ったことは、たぶん知っていたのではあるまいか。それをあたり前だと思っていたので、そのとき何も言わなかったのだろう。その証拠に、以前兄貴が自分に子たるものの心がけを訓えたとき、おふくろはそれを、いけないことだとは言わなかった。ただ――、これらの想像と、そのときのおふくろの悲痛な泣きかたとは、どうも結びつかぬ。

苛酷で非人間的な支配原理に抑圧された家族制度の下においても、親子の情愛の真実というものは、魯迅にも否定できない。わずかな救い、というにはあまりにも哀しすぎるが。

死んだ妹の思い出は、以上述べたように、兄貴への疑惑を深めさせ、あらたに母親への疑い（実際に食ったというのではないにしても）を生じさせるという役割を、作品のなかで果しているのだが、さらに重要なことは、その容疑が、ついに自分自身にもおよぶという点である。抽象的には、四千年来絶えず人間を食ってきた国に、自分も生れ育ったのだということ。具体的には、人間を食う兄貴が、家を（つまり、食物を含めて自分たちのすべてを）管理しているときに、妹は死んだのだということ。

今までは、自分が食われることに怯え、改心して食わぬようにと、ひとに説いてきたのだが、その自分も食ったことがあるということになれば、食われることはやむを得ぬことかもしれぬ。そう納得させられはするが、しかし恐怖がやわらぐわけではない。そして、自分がひとを恐れているように、ひとも自分を、食われはせぬかと、恐れているのではないのか。つまり、自分だけが、目覚めた特別の人間ではない。[39] そういう認識に導くはずである。

死んだ妹ということについてもうひとつ。作人・建人という二人の弟以外に、魯迅に、早世した一人の妹がいたことは、一般的にはあまり知られていない。人民文学出版社の『魯迅年譜』（一九八一年刊）の、一八八八年の頃に、

妹端姑因天花夭逝、年末満周歳。

という記事がある。妹の端姑が天然痘で早世した、まだ誕生日前であった、という意味である。この年譜作成者が参考にした周建人の回憶によれば、彼よりおよそ一歳年長で、彼の生れる前に（周建人の出生は、一八八八年十一月十一日）亡くなったそうである。魯迅七歳、次弟周作人三歳の時である。

第十二節の末尾の一文は、翻訳が分れているところである。最初に原文を示し、次に手元にある訳例を、その訳された年代順に列挙する。

原文　有了四千年吃人履歴的我、当初虽然不知道、現在明白、難見真的人！

訳例

A、四千年間、人食ひの歴史があるとは、初めわたしは知らなかったが、今わかった。真の人間は見出し難い。
（昭和七年改造社版『魯迅全集』井上紅梅訳）

B、四千年の食人の歴史をもつおれ。はじめはわからなかったが、いまわかった。真実の人間の得がたさ。
（昭和三十一年岩波版『魯迅選集』竹内好訳）

C、四千年人食いの履歴をもつ私、最初は知らなかったけれども、いまはハッキリした、本当の人間には顔向けができない！
（昭和三十六年角川文庫　増田渉訳）

D、四千年来、人を食べる履歴を背負っている私には、最初、真の人間に遇うことの、むずかしさが分からなかった。しかし今では泌々と分かった。
（昭和三十八年青木文庫　田中清一郎訳）

E、四千年来、人間を食って来た経歴をもつおれは、最初知らなかったが、今わかった。真の人間はめったに見られるものではないということが。
（昭和四十五年旺文社文庫　松枝茂夫訳）

F、四千年の食人の履歴をもっているわたし、はじめは知らなかったのだが、いまわかった。真実の人間にはめったに会えぬ！
（昭和四十八年中公文庫　高橋和巳訳）

G、四千年の食人の履歴を持つおれ、はじめは知らなかったが、今わかった、ほんとうの人間の前に顔を出せたものではない！
（昭和五十年新日本文庫　丸山昇訳）

H、四千年の食人の歴史をもつおれ。はじめはわからなかったが、いまわかった。まっとうな人間に顔むけできぬこのおれ。

（昭和五十一年筑摩版『魯迅文集』　竹内好訳）

I、四千年の食人の履歴をもっているおれ。はじめはわからなかったが、いまはっきりとわかった。ほんとうの人間にはめったに会えないということが。

（昭和五十四年講談社文庫　駒田信二訳）

J、四千年の食人の履歴を持つおれ、はじめは知らなかったが、いまわかった、ほんとうの人間の前に顔が出せたものか！

（昭和五十九年学研版『魯迅全集』　丸山昇訳）

問題は二つある。一つは、原文中程にある「当初虽然不知道、現在明白」の目的語は何か、いま何がわかったのか、という点である。「有了四千年……」が目的語である（目的語が動詞に前置されている）ことをはっきり示しているのがAの例。反対に、「難見真的人」が目的語である（目的語が後置されている）ことを明示しているのがD、E、Iの三例。

Aの明確な支持例が他にまったくない、D、E、I以外の六例も目的語後置説のように読める、動詞＋目的語という語順のほうが自然である、Aの井上紅梅訳は時代が相当古く全体的にみて問題が多い、これらの理由から、目的語前置説は否定されるようであるが、どうも百パーセントそうだとは言い切れぬものが残るように思われるのである。

その理由の一は、目的語を明示しないB、C等の六例が、必ずしも目的語後置説とは断定できないこと。仮りにこれらを中立と考えると、後置説は十例中三例になり、絶対多数とは言えなくなる。理由の二は、この第十二節の冒頭が、「考えられなくなった。四千年来、絶えず人間を食ってきた場所、そこにおれも、なが年暮らしてきたんだということが、きょう、やっとわかった。」となっており、四千年の食人の歴史を自分が持っているという発見が、狂人のこの日の日記の中心になっていると考えられること。そして原文の構文を、前説は、主語＋動詞＋目的語と考えているわけだが、主語（目的語を含む）＋動詞＋動詞（目的語を含む）と見る可能性を否定することができないことが、理由の三である。

目的語後置説を覆すわけではないが、前置説の可能性を検討し、次にその試訳を示して、諸賢の判断を俟ちたい。

四千年の食人の歴史を持つおれは、（そのことを）最初は知らなかったが、今ははっきりとわかった、（したがっておれには）真の人間を見出すことは難しい。

翻訳の問題点の二つめは、「難見真的人！」についてである。訳例を通覧すれば明らかなように、「真の人間は見出し難い」と「本当の人間には顔向けができない！」との、二つの系統に分れている。そしてその数が、六対四と、ほぼ拮抗している。

かなり大きな違いとも思えるこの二通りの訳を、どう考えればよいか。「見」という中国語の動詞に、この両様の解釈を許する幅があるとすれば、前後の文脈から作者の含意を推量するほかない。

結論を先に言えば、狂人の日記を論理的に読み解くというのもおかしな話だが、第一節以降の流れをたどっていくと、「顔向けができない」と訳すほうが落着きがいいように思われる。

自分が食われることへの不安・恐怖から始まって、食おうとする者にたいする怒りへ。食う者は、遠い歴史上の人物から、狼子村の小作人、街の人、医師、そして、家族（兄貴）へ。ところが、しだいに増幅されてきたこの恐怖と怒りは、「身動きもできない」ような圧迫感と、「おまえたち、いますぐ改心しろ。しん底から改心しろ。いいか。いまに人間を食う人間は、この世にいられなく……」という絶叫との、いわば頂点に達したところで、突然に失速してしまう。知らぬあいだにであったにしろ、自らも、自身の妹の肉を食ったかもしれぬという事実（？・）によってである。食われることの恐怖は、「いま番がおれに廻ってきて……」となり、正義の糾弾は、「四千年の食人の歴史をもつおれ」となり、何れもその方向が、一転して内に向かうことになる。十二節の冒頭が、「考えられなくなった。」の文で始まっていることが、その屈折を端的に表している。

そういう作品全体の流れを経てこの部分に読み至ると、「真の人間は見出し難い」という、客観的で慨嘆するような物言いは、どうもしっくりこない。「本当の人間には顔向けができない！」という羞恥のほうが、よりふさわしいように思われる。

14

この作品の主題は、作者自身も言うように、「家族制度と礼教批判」である。食人という過激な比喩がその批判に強大な衝撃力を加え、被害者がすなわち加害者でもあるという構成が、深刻なリアリティを与えている。また、狂人の日記という形式や、文言と白話の使い分け等にみられる巧みなアイロニーが、読者にたいする印象をより深いものにしている。

そしてその主題は、第十節における狂人のせりふ、「おまえたち、いますぐ改心しろ。しん底から改心しろ。いいか、いまに人間を食う人間は、この世にいられなく……」のクライマックスを経て、第十二節の、「四千年の食人の歴史をもつおれ。はじめはわからなかったが、いまわかった。まっとうな人間に顔むけできぬこのおれ。」の急反転によって、絶望のうちに完結する。そこには、一片の希望も救いもない。ならば、それに付け加えられたような、最終第十三節の、次の二つのセンテンスは、どのように読むべきなのか。

人間を食ったことのない子どもは、まだいるかしらん。
子どもを救え……。(40)

最初に、日本を代表する魯迅研究家である、竹内好の読みを見てみる。

彼は自分が食われるのを恐れるだけでなく、自分の兄が人を食ったこと、自分が人食いの弟だということ、また、彼自身も、知らぬまに人を食わされているのではないかという恐怖をもつ。自分が食われるだけでなく、自分も食っている。人を食った自分が、人から食われるのは因果だ。食われるのは恐ろしいが、食われないわけにはいかない。逃れることはできない。救いはない。救いは、まだ人を食っていない子供にあるだけだ。——「子供を救え……」子供は救われるだろうか。のちに彼は、それを疑うようになる。しかし「狂人日記」では、まだそこまで問題が展開していない。(『魯迅雑記』)(41)

率直に言って、やや苦しげである。「救いは、まだ人を食っていない子供にあるだけだ」は、子どもたちまでが「親たちが教えた」ために狂人を「へんな眼つきで」にらむこと（第二節）や、狂人自身がおそらく子ども時代に妹を食ったらしいこと（第十二節）などを考えると、少し難しそうだし、「絶望」を魯迅のキー・ワードと読む氏は、この二文をもてあまし気味のように見える。「子供は救われるだろうか。のちに彼は、それを疑うようになる。しかし『狂人日記』では、まだそこまで問題が展開していない」というところには、そのとまどいを、何とか合理的に説明しようとしている点すらうかがえるように思う。

なお、中国においては、この第十三節に作者魯迅の主張がはっきり表れているとする、次のような読みが一般的であるようである。

……因而喊出了「救救孩子！」的口号、対于下一代的未来的社会、寄予無限的希望。（「子供を救え！」のスローガンを叫ぶことによって、次の世代を担う未来の社会に、限りない希望を寄せているのである。）
（許傑『魯迅小説講話・狂人日記』一九五三年）(42)

これは、読み誤りというよりも、毛沢東の『延安の文芸座談会での講話』（一九四二年）以来、政治と文学が特有の関係(43)にある情況下での、いわば必然の読みであり、情況の異なる他国からは、安易に批評し難いものである。

竹内の読みにもどる。氏は、「救いは、まだ人を食っていない子供にあるだけだ」とされているが、魯迅は果して、そのような形で救いを提示しているのだろうか。氏の、「人間を食ったことのない子どもは、まだいるかしらん。」と訳されたところ、原文は「没有喫過人的孩子、或者還有？」、けっして誤訳ではないが。おとなは皆人間を食っているからダメ、子どもも、その教育や影響を受けていたり、自分のように知らないあいだに食わされていたりして、おそらくダメ、しかし、もしかしたら、まだ食っていない子どもが、いるかもしれない。

これは、救いとか希望とかいうには、あまりに弱すぎる表現と取るべきではないだろうか。微妙な語感の問題になるが、「人を食ったことのない子供は、あるいはまだいるだろうか？」（学習研究社版『魯迅全集』丸山昇訳）という訳のほうが、「まだいるかしらん。」よりも、原文のニュアンス（そこにこめられた含意）を、より正しく伝えているように感じられる。この感じは、「或者」（ひょっとしたら）という副詞を、竹内が、はっきりした形で訳出していないことからくるのかもしれない。

次に、最後の「子どもを救え……」について考える（原文は「救救孩子……」）。「子どもを救え！」と言い切れず、「……」と口ごもっている（言い切ることができない）ところに、狂人の（魯迅の）心情を読み取ることが、ポイントになろう。新島淳良の、示唆に富む指摘がある。

肉親をふくめた現実のすべての人間と「私」とのあいだに共通する価値体系はない。「私」は、だれをも愛することはできない。だから、せめて、まだこの世の価値体系に汚染されていない子どもに、かすかな希望をつなぐほかない。それが末尾の「救救孩子……」（せめて子どもを……）だ。さいごが「……」であるのは、「私」がそれをも信じていないことを示すのかもしれない。絶望の空白の符号なのかもしれない。そしてこれは何Qの「救命……」（助けて……）とひびきあう。

（既出『魯迅を読む』）

先に、竹内の「子供は救われるのだろうか。のちに彼は、それを疑うようになる。しかし『狂人日記』では、まだそこまで問題が展開していない。」との論を引用したが、「のちに」ではなく、この時点ですでに、魯迅はかなり深く「それを疑」っていたのではないか、というのが、新島の示唆に導かれた筆者の見解である。

「或者」という副詞の持つ否定的ニュアンスと、「……」という口ごもりとに注目して、できるかぎり忠実に原文の意味の意味をとろうとした結果だが、ここでひとつ、そのための傍証をあげておく。

ドイツ人ニーチェ（Fr. Nietzsche）はツァラトゥストラ（Zarathustra）のことばを借りていった――私は遠くまで歩きすぎて、伴侶を失い、ひとりとなった。いまの世をふりかえってみると、それは文明の国であり、華麗な社会である。だがこの社会は、確固たる信仰をもっていない。民衆の知識は創造性に欠けている。このような国にいつまでも留まっておられようか。私は父母の国から追放された。まだ期待できるのは子孫のみである、と。これは彼が沈思遠望によって近代文明の虚偽と偏向を看破し、今日の人に望みを絶ち、やむを得ず未来に思いを寄せたのである。（傍点筆者）（『文化偏至論』）

ニーチェへの傾倒ぶりがよく表れているこの文章は、一九〇七年に東京で、留学生の雑誌『河南』に寄稿されたもの（後『墳』に収められる）である。

竹内に従うならば、この時期の思想が『狂人日記』の時代にはまだ継続しており、それがさらに展開されるのは、それ以降のこと、ということになる。しかしその両者十年の間に、魯迅の思想が大きな変化展開を見せたことは、ほぼ常識に属することであり、次のような略年譜を簡単になぞることによっても、比較的容易に理解できるように思われる。

一九〇八年　許寿裳らとともに、章炳麟に国学を学ぶ。
一九〇九年　帰国し、杭州浙江両級師範学堂の教員となる。
一九一〇年　故郷紹興中学堂に転ずる。
一九一一年　辛亥革命。紹興師範学堂の校長に任ぜられる。
一九一二年　蔡元培に招かれ、南京臨時政府の教育部員となる。政府の移転にともない、北京に赴く。大総統、孫文から袁世凱に。

一九一三年　反袁軍蜂起失敗（第二革命）。
一九一四年　第一次世界大戦始まる。日本軍、山東出兵。
一九一五年　日本、対華二十一ヶ条要求。袁世凱帝制案成立。
一九一六年　袁世凱死、帝制実現せず。
一九一七年　張勲の復辟騒ぎおこる。南北の対立激化。

帰国、辛亥革命、新政府への参加。しかし北京へ来てからは、袁世凱の帝制への野望、張勲の復辟騒ぎ、軍閥の混戦、南北対立の激化。既に述べたように、そのなかで魯迅は、一方で勤勉に教育部官吏を勤め、周家の家長としての役割を果しながら、自らの思いを発表することなく、仏典や金石拓本の蒐集研究にひたすら沈潜していた。編集者の慫慂によって、一九一八年四月、『狂人日記』を執筆するまで。

清朝打倒と民国の成立、それに至るまでの犠牲とそれへの期待が大きかっただけに、その後の深い幻滅の経験は、測り知れぬほどの「絶望」を魯迅に与えたにちがいない。それは、安易な「希望」を抱くことが不可能なほどであったと思われる。これも既に言ったことだが、『狂人日記』執筆直後に、他ならぬ北京に始まり全国に波及した、あの、中国の新民主主義革命の出発点と評される五四運動に関して、彼が、その日記においても作品においても、ほとんど関心や反応を示していないことによっても、それは、推察することができる。以上のことからみて、『狂人日記』の中に、どのような形であるにしろ、はっきりとした「希望」や「救い」を表現したということは、考え難いことのように思われる。

魯迅が『狂人日記』に「希望」を書かなかったことは、他の何よりも魯迅自身のことばによって、はっきりと知ることができる。

そうだ。私には私なりの確信はあるが、しかし希望ということになれば、これは抹殺はできない。なぜなら、希望は将来にあるものゆえ、絶対にないという私の証拠で、ありうるというかれの説を論破することは不可能なのだ。そこで結局、私は文章を書くことを承諾した。これが最初の「狂人日記」という一篇である。（傍点筆者）

（『吶喊』自序より）

ただ、これに続けて魯迅は、こうも書いている。

ただ、吶喊であるからには、主将の命令はきかないわけにはいかなかった。そのため私は、しばしば思いきって筆をまげた。「薬」では瑜児《ユール》の墓に忽然と花環を出現させたし、「明日」でも、単四嫂子《シャンスーサオツ》がついに息子に会う夢を見なかった。とは書かなかった。

（同じく『吶喊』自序より）

しかし魯迅は、「筆をまげた」例として、『狂人日記』第十三節の部分をあげていない。もし第十三節が「希望」を表しているとすれば、それは、『明日』で「単四嫂子が息子に会う夢を見」たと書くことの「救い」よりも、はるかに大きな「救い」になったはずなのに。さらに、たとえこの部分が、「筆をまげ」て「希望」や「救い」を表した部分であったとしても、事情は変わらない。なぜなら、それは魯迅の真意ではなく、「主将の命令」をきくために「筆をまげた」に過ぎないのだから。

新しい時代への「希望」を高らかに唱いあげた胡適らが、やがて、あるいは挫折しあるいは方向転換していったのにたいして、彼らと一線を画し、ときには敵対さえしながら。自分や自分の属する社会の「絶望」に、あくまでも執しつづけた魯迅の姿が、そこにある。

ここで再び作品冒頭の〝序〟に戻る。「されど当人は病すでにいえて、任官のため某地に赴けり」とある部分に着目してこの作品を、「これを裏から見ると一人の被害妄想狂の男の治癒の経過」と読んだのは、伊藤虎丸である。(44)氏はこれを作者に引きつけて、「一人の被害妄想狂の男の治癒の経過、即ち作者の青春からの脱却と自己獲得の記録」（傍点伊藤氏）とされているが、〝序〟も作品の一部と考え、この治癒を作品全体に即して読むとき、そこには新たな意味が見えてくる。

正気に戻った元狂人は、「病すでにいえて」、再び、人を食う社会の某地に、人を食う官となるために赴いたのである。つまり「社会復帰」（伊藤氏のことば）したのである。いったんの狂気（実は正気）を、再び正気（実は狂気）に引き戻してしまうほどの、とてつもなく強力な狂気の社会。狂人は、幽閉されたまま狂人としてその生を終えるか、治癒して社会復帰するか、道は二つしかない。そして、そのような狂気の社会においては、果してどちらがより「絶望」的であるだろうか。

注（1）当時の『新青年』の中心メンバーは、『文学改良芻議』によって白話文学を唱えた胡適、家族制度やそれを支える孔教を激しく批判し続けた呉虞などであり、『狂人日記』の主要テーマが、内容的には家族制度・孔教批判、形式的には白話文採用であることは、他の評者あるいは魯迅自身の言を俟つまでもなく一読明らかなことである。

また、『狂人日記』（および『吶喊』の諸作品）の執筆意図については、『自序』中の次の部分がよく知られている。

思うに私自身は、今ではもう、発言しないではいられぬから発言するタイプではなくなっている。だが、あのころの自分の寂寞の悲しみが忘れられないせいか、時として思わず吶喊の声が口から出てしまう。せめてそれによって、寂寞のただ中を突進する勇者に、安んじて先頭をかけられるよう、慰めのひとつも献じたい。

（2）一九一八年八月二〇日付許寿裳宛書簡。「『狂人日記』は実は拙作です。（中略）その後たまたま『通鑑』を読んでいて、中国人はやっぱり人食い民族であったと悟り、それでこの作品を書いたわけです。こうした発見は関係するところもはなはだ大なのに、知る者はなお寥々たるものです」。

（3）本稿全体を通じて、魯迅作品からの引用は、『狂人日記』およびそれを含む『吶喊』の場合は、『魯迅文集』（竹内好訳、筑摩書房刊）より、それ以外書簡等の場合は、『魯迅全集』（学習研究社刊）によった。現在教材化される場合は前者が用いられることが一般的であり、後者は書簡等を含めて現在最も完備された全集である、という事情を考慮してのことである。

（4）本稿における原文からの引用は、すべて、一九八一年刊、人民文学出版社版『魯迅全集』によった。（簡体字は繁体字に直した場合がある）

（5）少し時代は下るが、一九二五年六月十三日付許広平宛書簡（『両地書』第一集所収）中、次のような一節がある。「人間は発狂すると、自分ではなんでもないかもしれない——ロシアのソログープはかえって幸福だと思っている——が、他人から見ると、それで一切が終わったように思われます。だから、わたしは力が及ぶかぎり、決して自分を発狂させようとは思いません。」

（6）この点について翻訳においては、『魯迅文集』（竹内好訳）のように区別したもの（序は文語文で、本文は口語文で訳してある）と、『魯迅全集』（丸山昇訳）のように区別していないものとがある。

（7）『魯迅を読む』一九七九年晶文社刊。

（8）前掲書

（9）これも前掲書の新島淳良の指摘による。『ツァラトゥストラ……』第三部より。

（10）『狂人日記』の翌年一九一九年に書かれた『我々はいまいかにして父親となるか』（『墳』所収）より。

（11）一九二五年『これとあれ』（『華蓋集』所収）より。

（12）「現在の、いわゆる教育とは、世界のどの国でも、実際は環境に適応するたくさんの器械を製造する方法にすぎません。その分に応じて、おのおのの個性を発展させようなどとは、いまはその時期ではありませんし、また将来も、いったいそんな時期がくるのかどうか想像もできません。」（一九二五年三月十八日付、『両地書』所収より）

（13）一九三二年十二月十四日に書かれた『自選集』自序（『南腔北調集』所収）は、次のような文章で始まっている。

わたしが小説を書くようになったのは、一九一八年『新青年』誌上で「文学革命」が提唱されたときにはじまる。（中略）しかし、わたしはそのころ「文学革命」に対してなにほどの熱情ももっていなかった。辛亥革命をみ、第二革命をみ、袁世凱が帝を称し、張勲が復辟するのをみ、あれをみ、これをみて、疑問をいだいたのである。かくて失望し、意気消沈した。

(14) 原文は「凡事須得研究、才会明白。」（もう一箇所は「凡事総須研究、才会明白。」とほんの少し言葉遣いが異なるが、意味は同じ）。なお学習研究社版『魯迅全集』では、この部分「ものごとは、なんでも研究してみなければ。研究すればわかってくる。」（丸山昇訳）と、二文に訳している。訳文としてのこなれぐあいは別にして、研究（サイエンス）万能の考えかたにたいする批判がこめられているとすれば、「研究すればわかってくる。」と言い切った形のほうが、明解で力を持っている、と言えるかもしれない。

(15) 一九二五年五月発表『灯下漫筆』（『墳』所収）

(16) 一九二五年の『ふと思いつく』（『華蓋集』所収）に、次のような一節がある。

私は、なんだか、もう、ながいあいだ中華民国といわれるものは存在しなかったような気がする。

私は、革命以前には、奴隷であったが、革命以後まもなく、奴隷にだまされて、彼らの奴隷に変わってしまったような気がする。

こころみに、五代、南宋、明末のことを記したものを、今日の情況と比較してみると、あまりにも似ているので、気も動転するほどだ。どうやら、時の流れは、わが中国についてだけは無関係であったらしい。現在の中華民国は、相変わらず五代であり、宋末であり、明の末なのである。

(17) 『支那人間に於ける食人肉の風習』（一九一八年、岩波書店『桑原隲蔵全集』第一巻所収）

『支那人の食人肉風習』（一九二四年、同第三巻所収）

(18) 『魯迅全集』（一九八一年、人民文学出版社刊）の『私の節烈観』についての注記による。（訳は、北原正子）

(19) 一九一八年（『墳』所収）

(20) この部分、学習研究社版『魯迅全集』（丸山昇訳）では、「ながいことなでまわし」となっていて、情景がよくわかる。原文は「摸了好一会」で、丸山訳のほうが直訳に近い。

(21) 同じく丸山昇訳では「早く召し上がるんですな」とあり、次のような訳者の注が付けられている。

　原文は「喫」。中国語では、人を食う（喫人）、薬を飲む（喫薬）ともに「喫」という動詞を使う。そこで医者の言葉と、主人公の解釈とがともに成り立つことになる。

竹内訳ではそのことへの配慮が見られず、したがって、狂人が兄を誤解することの根拠がやや薄弱になっている。

(22)『私の弟』他六篇計七篇の文章が、『国民公報』「新文芸」欄に連載され、後に『ひとりごと』という総題を付けられた。

(23)『魯迅全集』原注、および『魯迅文集』竹内好の注記による。

(24)『魯迅全集』の原注、訳注を総合すると、次のようになる。

『左伝』宣公十五年にある言葉。宋の将軍華元が楚の将軍子反に、宋の都が楚軍に包囲されたときの惨状を述べ、「わが邑《まち》、子を易《か》えて食い、骸《むくろ》を析《さ》きて爨《た》く」と言った。自分の子は食うにしのびないので、他人の子ととり代えて食った、というもの。なお、この話は、哀公八年にも引かれている。

(25) 同じ語の出る『随感録五十四』（一九一九年三月『新青年』に発表、後『熱風』に収められる）に付けられた注（『魯迅全集』原注）には、次のようにある。

　『左伝』襄公二十一年、晋国の州綽《しゅうしゃく》が斉の荘公に語った言葉に出る。「然るに二子の者は、禽獣に譬すれば、臣、其の肉を食いて、其の皮を寝処とせり」。按ずるに、「二子」は斉国の殖綽と郭最《かくさい》で、かつて州綽によって捕虜にされたことがある。

(26) 私事になるが、先年魯迅の故郷紹興の魯迅記念館を訪ねた折、館長の章貴という方（『故郷』に出てくる閏士《ルントウー》のモデルになった人物のお孫さんにあたるとのこと）とお会いすることができた。いろいろお話をうかがってお別れのとき、章貴さんは私の需めに求じて「哀其不幸、怒其不争」ということばを、揮毫して下さった。大衆にたいする魯迅の考えかたがよく出ていることばだと思った。「哀」だけでは確かにない、「怒」もある。

　たとえば、一九一九年に書かれた『暴君の臣民』という文章は、次のようである。

（前略）暴君治下の臣民は、たいてい、暴君よりもさらに暴虐である。暴君の暴政は、しばしば、なお暴君治下の臣民の欲望を饜《あ》きたらせることができない。（中略）暴君の臣民は、ただ暴政が他人の頭上で暴《あ》れることを願うだけだ。自分はそれを眺めておもしろがり、「残酷」を娯楽とし、「他人の苦しみ」を賞玩物とし、慰安とする。彼自身のやれることは、「運よくまぬがれる」ことだけである。
「運よくまぬがれ」た者のうちからまた犠牲が選び出されて、暴君治下の臣民の血に渇《かわ》いた慾望の供え物にされるが、それが誰になるかは誰にもわからない。死ぬ者は「アイヤー」と叫び、生きている者はおもしろがる。

(27)『噴』所収。

(28)青年への期待を表したものは数多くあるが、『狂人日記』との内容の関連性の深さという点で、前にもあげた『灯火漫筆』（一九二五年、『墳』所収）から二か所引用する。一か所は、例の循環史観（この国の歴史は、一、奴隷になりたくてもなれなかった時代と、二、しばらくは平穏に奴隷でいられた時代とのくりかえしである）が示された後につづけて、

もちろん、現状に不満ではある。しかし、ふりむく必要はない。前方にも道はあるのだから、中国の歴史にまだ現れたことのない第三の時代を創るのは現在の青年の使命である。

もう一か所は、「中国の文明なるものは、実は、お偉方の口を娯しませるためにしつらえられた人肉の宴席なのだ。中国なるものは、実は、この人肉の宴席を準備する台所なのだ。」につづく、『灯火漫筆』最後の部分、つまり結語である。

この人肉の宴席は今なお張りつづけられ、大勢の者がまだ張りつづけていこうとしている。この人食いどもを掃蕩し、この宴席をひっくりかえし、この台所をぶちこわすことが、現在の青年の使命である。

次に、そういう若い世代のために、若くない自分達が何を為すべきかについても、二か所あげる。一か所は『我々はいまいかにして父親となるか』（一九一九年、『墳』所収）の中の、次の有名な一節、

……まず目覚めた人から手はじめに、めいめい自分の子供の解放に着手するよりしかたなかろう。自分は因襲の重荷を背負い、肩で暗黒の水門を押し上げて、彼らを広く明るい場所に解き放ってやる、これからは人間らしく幸せに日をおくれるように。

もう一か所は、同じく一九一九年に書かれた『随感録四十九』（『熱風』所収）より、
老いたる者は道をあけてやり、うながしつつ、はげましつつ、若者を進んで行かせる。途中に深淵があれば、その死でこれを埋め、彼らを進んで行かせる。

（29）たとえば、少し時代は下るが、『有恒先生に答える』（一九二七年、『而已集』所収）に、次のような部分がある。
これまで、わたしにはいつもある種のオプティミズムがあり、青年を抑圧し殺戮するのは、たいてい老人だと思っていました。そうした老人たちがだんだん死んでいけば、中国には、ともかくかなり生気が生まれてくるだろう、と。いま、わたしは、そうでないとわかりました。青年を殺戮するのは、むしろほとんどが青年であるらしい。

（30）魯迅は、本質において一個の矛盾である。革命家孫文が一の混沌であると云われるような意味で、文学者魯迅は一の混沌である。その混沌は、恐らく魯迅自身によっても、はっきりとは自覚されなかったろう。しかし混沌が彼に与える苦痛については、彼は確かな自覚を持っていた。（中略）彼はたしかに虚言を吐いたのであり、ただ虚言を吐くことによって、一の真実を守った。それが、多くの真実を吐いた俗流文学者から彼を区別する所以である。「文学は無用だ」これが、魯迅の根本の文学観である。しかし、その無用の文学のために青春の歳月を古典研究に消磨したものは彼である。（『魯迅』一九六一年未来社刊）

（31）前にも掲げた講演『ノラは家を出てからどうなったか』（一九二三年、『墳』所収）の、結びの部分は、次のようである。
残念ながら、中国では変えるということがきわめて難しい、机一つ動かすにも、ストーブ一台とりかえるにも、ほとんど血を流さねばなりません。しかも、血を流したところで必ず動かせるとも、とりかえられるともかぎらぬのです。大きな鞭が背中に振りおろされぬかぎり、中国は自分で動こうとはしません。私はこの鞭は必ずや来ると思います。善し悪しは別です。しかし、必ず振りおろされるにちがいないと思っております。でも。どこから、どのようにして来るのか、私にもはっきりとはわかりません。

私のお話も、これで終りであります。

（32）原文は、「互相勧勉」。学習研究社版『魯迅全集』（丸山昇訳）では、「たがいにけしかけあい」となっている。丸山訳のほうが意味はわかりやすいが、原文の意味は竹内訳のほうが近く、魯迅がこめているであろう皮肉っぽい言いか

たもよく出ている。

(33) 後、『墳』所収。

(34) 原文は「不能」。「不能」には、①(能力からいって)できない。②(事情からいって)そういうわけにいかない。③……はありえない。④いかん、だめだ。などの意味がある(岩波中国語辞典による)。兄貴は小作人の要求にたいして、おそらく、②ないしは①の気持ちで「不能」と言ったと思われ、狂人はそれを④と取ったと思われる。こういう、ことばの多義性を利用した点は、先に出てきた「喫(食うと服《の》む)」と同様である。因みに、角川文庫(増田渉訳)、旺文社文庫(松枝茂夫訳)、中公文庫(高橋和巳訳)では、この部分、何れも「できない」と訳している。

(35) 以上章炳麟の事歴に関しては、『章炳麟・章士釗・魯迅・辛亥の死と生と』(高田淳、龍渓書舎刊)を参考にした。

(36) 一九一四年八月二十二日

昼すぎ、※許季市(許寿裳――筆者注)来る。ともに銭糧胡同に章先生をお訪ねする。(中略)夕方まで坐し、帰る。

一九一五年一月三十一日

昼まえ、季市と章先生宅に行き、晩、帰る。

一九一五年二月十四日

昼まえ、章先生宅に行く。(中略)夜、帰る。

一九一五年五月二十九日

午後、許季市と章先生宅に行く。

(一九一五年六月一七日

午後、許季市来る、章先生の書一幅を持参す、みずから書写したもの。)

一九一五年九月十九日

※※龔未生《クンウエイション》夫人の訃報届く、章先生の長女なり、その『事略』を付す。

一九一五年九月二十六日

銭糧胡同に龔未生夫人の焼香に行く、香典二元。

※許寿裳は魯迅の親友で、東京時代ともに章炳麟の国学の講義を受けた、いわば同門の弟子である。

※※龔未生夫人（章炎）は、九月八日、縊死した。

（37）たとえば魯迅の弟周作人の『魯迅小説里的人物』（一九八一年人民文学出版社刊）には、ひとりの「表兄弟（いとこ）」があげられている。

（38）『我々はいまいかにして父親となるか』（一九一九年、『墳』所収）に同様の表現が見られ、それについての『魯迅全集』原注に、次のような説明がある。

いわゆる「割股療親」、父母の重病を治すため、自分の股の肉をそぎとり煎じて薬とした。『宋史』（巻一五五）「選挙志一」に、「お上が孝により登用をおこなったので、勇者は股の肉をそぎ、怯者は墓守をした」と見える。

（39）時代は下るし、ニュアンスにも多少の違いがあるが、『有恒先生に答える』（一九二七年、『而已集』所収）に、次のような一節がある。

わたしは、わたし自身が一人の……だと気づきました。なんでしょう。すぐには名づけようがありません。わたしは、かつてこう言ったことがあります。中国にはずっと食人の宴席がはられてきた。食う者がおり、食われる者がいる、と。食われる者もかつては人を食い、いま食っている者もいずれは食われます。だが、いまわたしは、わたし自身も宴席をはる手伝いをしているのだ、ということに気づきました。

（40）この部分の訳文引用のみ、岩波書店版『魯迅選集』（竹内好訳）によった。次に引用した『魯迅雑記』中の『狂人日記』論とほぼ同時代のものであり、両者が氏の同一の魯迅認識（作品認識）から出ているものと考えたからである。氏はその後、筑摩書房版『魯迅文集』において、この部分を、

人間を食ったことのない子どもは、まだいるかしら？

せめて子どもを……。

と改訳されており、作品理解をも変更されたように思われる。しかしその新しい作品論は残念ながら残されなかった。最新の訳文を引用しなかったことの非礼はじゅうぶん承知しているのだが、以上の理由で旧訳を使わせていただいた。最終段階でなく、過去の一時期における竹内への批判と考えていただきたい。

（41）この部分、「食われぬための文学――魯迅の『狂人日記』――」（『随筆中国』第三号）として発表されたものを、後に『「狂人日記」について』と改題して『魯迅雑記』に収録された、筆者はその『魯迅雑記』から引用したということである。

（42）これも直接には、『中学課本魯迅小説汇释』（北京師範大学中文系《中学課本魯迅小説汇释》偏輯組編、一九八三年天津人民出版社刊）からの引用（つまり孫引き）である。この『中学課本……』、中国における魯迅の作品解釈のアンソロジーともいうべきもので、編集も手際がよく、参考になる点も多い。やや大部ではあるが、わが国での翻訳出版が待望される。

（43）たとえば、『延安の文芸座談会での講話』（竹内好訳、岩波文庫）に、次のような部分がある。

　われわれは、文芸の重要性を、正しくない程度にまで強調しすぎることには賛成しないが、文芸の重要性を過小評価することにも賛成しない。文芸は政治に従属するものであるが、また逆に、政治に偉大な影響を与えるものでもある。革命文芸は、全革命事業の一部であり、歯車やネジ釘であり、他のもっと重要な部分にくらべれば、むろん軽重のちがい、緩急のちがい、第一第二のちがいはあるが、しかし機械全体に対して欠くことのできぬ歯車やネジ釘であり、革命事業全体に対して欠くことのできぬ一部である。

（44）『魯迅と終末論　近代リアリズムの成立』（一九七五年龍溪書舎刊）

Ⅲ　文学教材の考究　その二

五　文学教材『トロッコ』（芥川龍之介）について

1　はじめに

かつての中学一年生用教科書において、（たとえば、昭和三十八年一月十五日発行の三省堂版）『トロッコ』が、二ヵ所の削除部分を持っていたことは、周知の通りである。

それは、次の部分である。

A　ただその時の土工の姿は、今でも良平の頭のどこかに、はっきりした記憶を残している。薄明かりの中にほのめいた、小さい黄色の麦わら帽、――しかしその記憶さえも、年ごとに薄れるらしい。

B　良平は二十六の年、妻子といっしょに東京へ出てきた。今ではある雑誌社の二階に、校正の朱筆を握っている。が、彼はどうかすると、全然なんの理由もないのに、その時の彼を思い出すことがある。全然なんの理由もないのに？　――塵労に疲れた彼の前には今でもやはりその時のように、薄暗いやぶや坂のある道が、細々と一筋断続している。……

（以下本文引用は何れも現行の三省堂版による）

これらの削除について、原典を尊重すべきであるという、一般的な立場からの批判を、筆者はかつてしたことがある。(1) さらに、この削除が、作品をどう歪めるかについての論が、従来無いわけではない。(2)

それらを踏まえつつ、削除部分の正確な読み取りを出発点にして、この作品全体の、テーマ・構造等について考えていくのが、本稿の目的である。

2　「回想」という形式

この作品は、二十六歳の（正確には、二十六歳よりも何歳か年嵩の、と言うべきであるが、いちいち煩雑であるので、便宜上、以下二十六歳の、とする）一人の、妻子ある男の回想という形式を採っている。

このことがはっきり現われているのが、前掲A・Bの二ヵ所であり、その二ヵ所が削除されると、回想という形式は、ほぼ完全に失われる。

形式というものにこだわるのは、この回想という形式が、作品の構造やテーマを決定し、教室におけるディテイルの読み取りかたをも、規定すると思われるからである。

二ヵ所が削除されると、この作品は、八歳の良平とトロッコとの、少年物語に過ぎなくなる。従って、教室での読みは、次のようになるだろう。自分（学習者）と、あまり年齢の違わない主人公の、各場面場面における行動や心情を正確に読み取り、時に感情移入をまじえながら読み進める。そして最後に、自分にもかつて同じような経験があったようだと考え、それを出し合って皆で話し合う。

ところが原典の場合、話し手は二十六歳の、いわゆるおとなであり、学習者とは、かなりの年齢差が生じてくる。この年齢差は、八歳と十二歳（あるいは十三歳）および二十六歳と十二歳という、単なる量的な違いだけでなく、そこには、質的な隔たりも当然考えられねばならない。

従って、作品の読みかたも、感情移入や、同種経験の掘り起しだけではすまなくなり、吉田精一氏のことばを借りれば、「実人生の象徴」といった抽象的なものにまで、高まり広がって行くし、(3) 当然行かねばならないだろう。

つまり、回想という形式は、主人公の過去における経験を、トータルな形で一旦抽象化（典型化・象徴化）し、そのプロセスを経ることによって、こんどは逆に、読者ひとりひとりの内奥のより深い所へ、より鋭く食い入って行く、そういう性格を作品に賦与することになるのではないか。そういう読みを読者に要求するような作品にするのではないかというのである。

そのような視点からの作品分析は、次節以降に譲るとして、ここで一言付言すれば、このような性格を持つ小説『トロッコ』の読者として、中学一年生という世代は、やや若すぎるのではないか、筆者は最近そのようにも考え始めている。

3　省略部分Bの（つまりこの作品のテーマ）解釈について

省略部分Bについての、吉田精一氏の所説を見てみる。

この結末の数行は、芥川一流の「落ち」のにおいが濃厚であるが、これがこの作のテーマになっていると考えられる。（中略）
ところで、この最後の数行は、いくぶん唐突で、つけたしの感じがしないでもない。単なる子供の心理の描写から来る淡白な味わいに飽き足らず、強いて一ひねりひねってみたのではないかという想像もされる。（あるいは、材料を提供してくれた力石青年への挨拶かも知れない）この作品のすぐれたところは、むろん、思い出の部分である。(4)

ここには、一種奇妙な撞着が見られるように思う。「テーマ」を書いていると考えられる部分が、「つけたし」のようにも感じられる（傍線は筆者）というのは、いったいどういうことなのだろうか。

これが氏の論の撞着でないとすれば、作品の欠陥を指摘しているのだろうか。作者の意図する「テーマ」が、読者には「つけたし」とも読めるのだとすれば、それは明らかに作品の欠陥であり、そのような作品は失敗作ということになるだろう。ところが氏は、同じ所でこの作品を、「小品としては上乗のもの」と評価されているのである。この矛盾は、Bの部分にたいする、氏の、読みの甘さ、つまりは作品全体に対する読みの甘さに、由来しているように、筆者には思える。

氏は、主人公である青年の、回想・記憶の性格について、次のように述べておられる。

①幼時の記憶は、よその国からの便りのように、何か童話めいた色彩を帯びているものである。喜びも悲しみも、ぶどうの房の上にうっすらとふいた白い粉のようなものでおおわれて、②現実離れのした一つの世界の中で揺れ動いている。しかし、③かすかに、現在の現実の世界と呼びかわす何者かがある。日々たそがれのような薄暗い生活を送っている校正係にふとよみがえった記憶もこのようなものであろう。(5)

念のために、Bの部分を重ねて引用する。

良平は二十六の年、妻子といっしょに東京へ出て来た。今ではある雑誌社の二階に、校正の朱筆を握っている。㋐が、彼はどうかすると、全然なんの理由もないのに、その時の彼を思い出すことがある。㋑全然なんの理由もないのに？――㋒塵労に疲れた彼の前には今でもやはりその時のように、薄暗いやぶや坂のある道が、細々と一筋断続している。……

吉田氏の所論には、ひとつの読み誤り（あるいは、読みの甘さ）と、そこから来る論理のあいまいさがあるように思われる。

読み誤りというのは、傍線①②の部分（以下、傍線は何れも筆者の付したものである）である。一般論としてはともかく、良平青年にとって、幼時の記憶は、果して氏の言われるような「童話めいた色彩を帯びているもの」、「現実離れのした一つの世界の中で揺れ動いている」ものであるだろうか。そういう解釈はどこから出てくるのであろうか。筆者には、良平青年の記憶は、「童話めいた」ものでも、「現実離れのした」ものでも、恐らくなく、もっと深刻な、現実と、より深いところで強くつながっているものであるように思われる。

論理のあいまいさというのは、前述の読み誤りからくるものである。それは、傍線③の部分に見られる。つまり、現実と過去の記憶との関係が、はっきりと述べられていないという点である。「かすかに」「呼びかわす」とか、「ふとよみがえ」るというのでは、論理的に明快であるとは、けっして言えない。

Bの部分を氏のように読むとすれば、確かにこれは、氏の言われるように「つけたし」のようなものになるであろう。そして、この部分を「テーマ」と考えることは難しいであろう。

断定的に言えば、氏はBの部分の、傍線㋐のところまで読んで、後の部分を精密に読むということをしなかったのではないだろうか。確かに㋐のセンテンスまでで終っていれば、氏のような解釈になるかもしれない。

ところがよく読めば明らかなように、㋐のセンテンスは、直後に否定されているのである。傍線㋑のセンテンスの文末に付された疑問符は、疑問というよりはむしろ、反語の意であり、かなりはっきりと、㋐のセンテンスを否定することを表していると考えられるのである。つまり、彼が幼時のできごとを思い出すのは、「何の理由もない」のではない。「理由」はあるのである。

さらに、傍線㋒の部分は、問題の所在と、この作品のテーマとを、集約的に表している部分であると考えられる。この部分の意味は、主人公の青年が、かっての場面を、「回想」しているのではない。少なくとも、単に回想しているのみではない。「薄暗いやぶの坂のある道」は、「塵労に疲れた彼の前に」「断続している」のである。「その時のように」という措辞は、八歳の時に自分の前に続いていた「薄暗いやぶや坂のある道」と同じような「道」が、二十六歳の自分の前にも続いている、そう解釈されるほうが自然であろう。

従って、傍線㋒のセンテンスの直前に置かれた「――」の意味は、回想の中身を述べるために置かれたと考えるよりも、二十六歳の彼が、幼児の彼を思い出すことの理由を述べるために置かれた符号である、そう考える方が、文脈的に言っても自然であろう。

では、その「道」とは、どういう「道」であるのか。何ものかに裏切られ、独りで、心細さに必死に堪えながら走り続ける「道」である。かつての、そういう意味での「道」が、現在の良平の前にも、続いているのである。

さらに言えば、八歳の時の良平の「道」は、実は果てしなく続く「道」ではなかった。ともかくも自分の「家」へつながっていた。そしてそこには、「良平の体を抱えるように」してくれる母も、父も、近所の人々もいた。そこは、「いくら大声に泣き続けても、足りない」ほどに手放しで泣ける場所であった。

ところが、二十六歳の、現在の良平の前の「道」は、そういう「家」へつながっているものかどうかわからない。心細く、薄暗く、ただただどこまでも果てなく続いているかのように見える「道」なのである。

Bの部分は、このように読むべきだろうし、こう読むことによって初めて、この部分が、実人生の象徴として、この作品全体のテーマになり得るのだと思う。

一言付け加える。

現行の三省堂版の教科書においては、この部分（すなわち作品全体）を、次のように読ませたいらしい。

塵労に疲れた良平は、過去を回想することで、明日を生きていくエネルギーをくみ取る。（中略）少年時代の精いっぱいの行為が、大人の良平を励まし、支える力となるのである。前近代と近代とが絡まり合う時点での泣きたい状況、泣く以外どうしようもない状況がそこにある。が、泣かずにこらえていくことのたいせつさを、また、単にこらえるだけでなく、事態を切り開いていくことのたいせつさを、この作品は切々と訴えている。(6)

「明日を生きていくエネルギー」とか、「事態を切り開いていくことのたいせつさ」とかいう読みは、いったいどこから出てくるのであろうか。そういう読みかたは、いわゆる「教育的」であるのかもしれないが、作品から遠く離れた、もっと言えば、作品を歪めた、一種の道徳読みに過ぎないだろう。

良平の回想は、単なる詠嘆ではない。そして、処生の教訓でも無論ない。

現在の現実の前に続く、心細く暗い一本の道が、実はかつてのあの道と同じであり、そして現在の現実の道には、かつてのような「家」は見えない。

いわば、状況によって拒絶されている、そういう暗い、自己の存在観、人生認識、それがこの作品のテーマである。その象徴として、少年時の回想・思い出があるのである。

4　作品の構造分析

状況によって拒絶されているという、暗い人生認識がこの作品のテーマであり、少年時の思い出はその象徴である、と述べた。ここでは、それにもとづいて、作品の構造を分析検討してみたい。

この作品には、少年良平の、トロッコにたいする強いあこがれと、その挫折からくる苦い思いが、すぐれた描写力で描かれている。

八歳という年齢は、一般に幼児期から少年期への転換期だと考えられている。小学校入学、主としてそれを契機として、大人の世界、現実の世界というものに、次第に触れ始める時期である。それまでは、遊び相手はおもちゃであり、外出は親と一緒であり、いわば、完全に保護された(管理された)、枠の中での生活である。

そういう良平の目の前にトロッコが現れる。おもちゃの汽車は、精巧ではあるが絶対に安全であり、部屋の中にセットされた有限の長さのレールの上しか走らない。しかし、現実のトロッコは、その枠をはみ出しているという意味で、良平にとって、まさに現実そのものである。だからこそ、この上なくまぶしく光り輝き、強いあこがれを少年に抱かせるのである。トロッコは、良平の目の前に現れた、初めての現実であった。もっと正確に言えば、トロッコを前にして、良平は初めて、現実というものを認識する能力を持ったのである。現実というものを認識する能力を持ったときに、最初に目の前に現れたのがトロッコであった。良平は初めて、少年になったのである。

あこがれの強さは、「土工になりたいと思うことがある。」「せめては一度でも、土工といっしょにトロッコへ乗りたいと思うこともある。」「乗れないまでも押すことさえできたらと思うのである。」いう形で、表現されている。

しかしこのあこがれは、不幸にも挫折し、苦い思い出となる。その挫折の様子が、この小説の中心になっている。

一読明らかなように、この作品には、二つの事件、できごとが描かれている。一つは、「このやろう！　だれに断ってトロにさわった。」、今一つは、「われはもう帰んな。おれたちは今日はむこう泊まりだから。」「あんまり帰りが遅くなると、われのうちでも心配するずら。」、という、何れも土工のことばによって終わっている。

冒頭に掲げた、A・Bの部分が削除されたテキストの場合は、それぞれの場面での主人公の気持ちを、細部の精密な読み取りを積み重ねることによって、分析理解すれば、それで十分であるかもしれない。

しかし、削除部分が補われ、回想という形式が顧慮され、Bの部分をテーマとして考える場合は、やや様子が変わってくる。この二つのできごとは、けっして同じようなことのくり返しではなく、前者よりも後者の方が、より衝撃が大きかったというような、比較の問題でもない。

二つの事件は、正確にこの順序で起こり、しかる後に、二つが合わさることによって、一つの真の意味の全き「経験」となる。そういうふうに読まれねばならない。

最初のできごとは、確かに、良平に、現実というものへの恐怖を与えた。しかし、この経験だけでは、自分が現実から拒絶されている存在であるという確信を持つには、十分ではない。「それぎり良平は使いの帰りに、人けのない工事場のトロッコを見ても、二度と乗ってみようと思ったことはない。」と言いながらも、「そののち十日余りたってから」「トロッコのそばへ駆けて行」って、「『おじさん。押してやろうか。』」と、再びトロッコ（現実）への接触を試みているのを見ればわかる。

つまり、誤解を恐れずに単純な言いかたをすれば、次のようである。現実からの最初の拒絶は、現実全体からのそれではなく、いわば現実全体の半分の部分からの拒絶であった。たとえば、土工たちのすべてが、「このやろう！」となるわけではないだろう。（と、その時良平が考えたというわけではもちろんないが）。

果して良平は、次に、「親しみやすいような気」がする、「やさしい」土工達と出会うことになる。この土工達との出会いは、良平に一瞬の幸福をもたらす。あこがれが実現されるのである。つまり、現実の世界が、良平を受け入れたのである。

しかしそれも長続きせず、「われはもう帰んな。……あんまり帰りが遅くなると、われのうちでも心配するずら。」という、いかにも優しそうな、しかしそれだけに残酷な拒絶によって終わる。

結局良平は、どなるような恐い土工からも、親切そうなやさしい土工からも拒絶されてしまうのである。つまり全ての土工から拒まれるのである。このようにして現実全体と良平との断絶は完結し、現実から拒まれているという良平の思いは、確信に至るのである。こんどこそ良平は、二度と再びトロッコに近づこうという気は起さないであろう。

良平の経験は（この作品は）こういう構造を持っている。前にも述べたが、八歳の彼がこのように考えたということでは、無論ない。二十六歳の良平の中で、かつての記憶が、こういう形でまとめられた、ということである。回想というものが、事件当時の事実の中から、回想している時点の状況や意識によって取捨され、意味づけされて、ひとつの経験として形象化されたものであるということは、見易い事実であろう。それぞれの事件の終わりの部分に、いずれも回想であることを表わすパラグラフが挿入されていることは、意味のあることなのである。

蛇足ながら、回想時点の状況とは、次のようなことであろう。文学者か、あるいはジャーナリストたらんと夢見て上京した良平の前に用意されていたものは、わずかに校正の仕事にすぎなかったのである。

5　おわりに

独断的な読みになったかもしれないが、筆者には、次のようにも思えるのである。『羅生門』『鼻』から、『或阿呆の一生』に至る、芥川文学の一貫したテーマも、そして、三十六年間というけっして長くない芥川の生存のテーマも、〝現実から拒まれている〟そういう意識、認識だったのではなかろうか。

注（1）「中学校文学教育についての若干の基本的考察」（『名古屋大学教育学部附属中・高等学校研究紀要』第14集）
（2）たとえば、熊谷孝『文体づくりの国語教育』（三省堂刊）など。
（3）近代文学鑑賞講座11　角川書店177ページ
（4）近代文学鑑賞講座11　角川書店175ページ
（5）近代文学鑑賞講座11　角川書店175ページ
（6）現行教科書の学習指導書　356ページ

〔追記〕

第1節の末尾に注記した熊谷孝氏の所論を引用しなかったのは次のような理由による。

氏の所論の主目的は、『トロッコ』の作品分析よりも、教材化の論理の追究にあるということ。従って、さまざまの創見と示唆に満ちてはいるが、『トロッコ』論としては、ややまとまりを欠くと思われるからである。たとえば氏は、良平の苦汁に満ちた過去のできごとを、「少年時代の美しい夢」と読む読みかたに与して居られたりして、所論の他の部分とは、どうしても背馳するように思われるのである。

六　戯曲教材『夕鶴』（木下順二）について

1

千田是也は、「戯曲を読む術」として、「文学的感受」「俳優的感受」「文芸学者的感受」「批評家的感受」などを挙げられ、中で「文学的感受」つまり「詩的感動」の最重要なることを述べられた。[1]示唆に富む所説であり、その言いかたにならえば、木下順二の『夕鶴』は、実に長い間筆者の「教師的感受」を刺激しつづけている作品（教材）のひとつである。

通常、繰り返し扱ってみたいと思う教材は、構成がしっかりしており、主題が明確で、しかもそれがアクチュアリティを持っているもの、つまり、生徒やわれわれの置かれている状況と深い関わりを持ちながら、かつ論理的な文体や構成を持っているもの、というのが大部分である。

ところが、その反対に、構成にも問題があり、主題もやや不明確で、いわばかなり扱いにくいと思われるものでも、何故か食欲をそそられるというものが、稀にではあるが、ある。筆者にとって『夕鶴』はそういう種類の作品である。うまい授業がやれたためしはないが、いつも心にひっかかっており、捨て去ってしまうことのできない教材なのである。

筆者の『夕鶴』の授業は、概略次のようである。ディテイルの読み取りはなかなか快調に進む。伏線の張りかたの発見、検証、随所に見られる作者の思想的・芸術的創見の発見と検討、等々。ところが最後の二時間くらいの、いわゆるまとめの段階にいたって、全く収拾がつかなくなり、序盤から中盤へかけての布石は活きて来ず、捨て石が捨て石のまま各々孤立するという惨憺たる状況を呈したまま、敢えなく投了。

つまり、細部を綿密に押さえていっても、作品全体を押さえきることができない。授業が完結しないのである。

2

授業が完結しない、ピタリと決まらないということは、教授者の資質や力量、教室全体の力や雰囲気等にも関係があるだろう。ほとんどの場合、そちらの方が主要な理由であるかもしれない。

しかし、『夕鶴』の場合、どうもそれだけでなく、作品自体にも問題があるように思えてならない。あえて言えば、『夕鶴』という作品そのものが、未完成なのではあるまいか、ということである。(2)

筆者は今、この作品が持っているところの、いくつかの小さな論理的矛盾を指摘したいわけではない。たとえば次のような、主題ないしは作品全体に関わる問題についてである。

○鶴見和子——情緒性と思想性ということのギャップ（中略）『夕鶴』というのは情緒の結晶はあるけれど思想は結晶していない。(3)

○山本安英——鶴が本来の自然の姿にかえるという心で、むしろホッとした気もちで別れを告げて消えて行った……（それなのに）……一番あの個所で観客を泣かせてしまった。(4)

○吉本青司——祖国の民話から生まれた木下順二の原作は、近代的な解釈の点で幾らか矛盾があって、そこが脚本のマイナスになっているが(5)……

○中西達治――人間のドラマとして考えると、やや不充分な感じをいだかされることもまた事実(6)……

3

最後に掲げた中西氏の所論をもう少し丁寧にたどってみる。氏は、この戯曲の非論理性・非思想性を指摘された後、「教材として扱う場合には純粋な『民話』の世界での『劇』というようにみるよりもむしろ、現代人である作家木下順二がつくりあげた想念のふるさとにおける愛のメルヘンというように考えるべきであろう。」と規定され、主題については、「鶴の化身であるつうの求める純粋無垢の愛情という抽象的観念的理念が、人間の現実的な生活感覚や欲望で無惨にうちやぶられてゆくことを哀惜した、抒情的作品であるといってよい」と述べられ、さらに、他の論者による、「愛情の純粋さの絶対的優越の証明」「一種宗教的な『聖』の観念の実体化」「人間解放への積極的意図」等の見かたを、「ムードにひきずられたかなり苦しい見方」だとし、「さわやかな印象を残す抒情的作品」であるとまとめられている。

作品が、民話「鶴の恩返し」ではなく現代劇『夕鶴』であることはむろん常識であり、「作家木下順二がつくりあげた想念のふるさとにおける愛のメルヘン」、「鶴の化身であるつうの求める純粋無垢の愛情という抽象的観念的理念が、人間の現実的な生活感覚や欲望で無惨にうちやぶられてゆく」という内容把握にも概ね同意できるのだが、「愛のメルヘン」とか「哀惜」とか「抒情的作品」という言葉からうかがえる、読みかたというか読みの姿勢というものにはいささかの危惧を感じざるをえない。

論理的な不整合を大小いくつも内包しているにもかかわらず、この作品は今も多くの人々を感動させ続けている。

この感動を大切に考えたいとは思うが、しかし、緊密な論理による統一性を欠くという理由で、ディテイルを捨象して、情緒的にのめり込んでいくような読みかたに与するわけにはいかない。「さわやかな印象を残す抒情的作品」という読みかたは、氏が他の論者に向けた「ムードにひきずられたかなり苦しい見方」そのもののように筆者には思われる。言葉尻を捉えるような言いかたになるが、筆者には、「さわやかな印象」がこの作品のどこから出てくるのか、まったく理解できない。論理的に割り切れない点は確かにある。しかしその割り切れなさがもたらすあいまいさとともにわれわれが抱くところの読後感は、けっして単純なものでも軽いものでもない。「人間解放への積極的意図」などと大上段に言い切る蛮勇は筆者にもないが、いわばそれに類するような重い何かが、この作品には孕まれているように感じられる。そしてそれは「さわやか」さとは最も遠い深刻な「印象」を持つ何かのように思われる。

さらに、氏はその論の最後のところで、「いわば『その後の夕鶴』を考えるという作業は無意味であろう。人間存在を鋭く理性的に追求したドラマとするにはこれまで指摘したとおり問題がある。素直にこの幕切れの哀切さにひたらせればよいと思う。」と述べておられる。「その後の夕鶴」ということについては後に触れるとして、「素直にこの幕切れの哀切さにひたらせればよいと思う」とはどういうことか。作品と読者の間に介在して、不十分な知識と技術とで作品をゆがめてしまう危険性を持っている教師の仕事は、作品をまず自身が「素直に」読み、そして読者がその世界に「素直に」入っていけるように、常に配慮しなければならない。それは当然のことである。

しかし、「素直に」ということは、何もしないということではむろんない。「人間存在を鋭く理性的に追求したドラマとするにはこれまで指摘したとおり問題がある」のであれば、その「問題」について考えることも重要な読みになるはずである。それをなおざりにして、「素直にこの幕切れの哀切さにひたらせ」るというのは、一見きれいに見えて、あまりに情緒的に過ぎるのではなかろうか。強く言えば、目の前のさまざまな問題について考えようとしない（考えさせようとしない）一種危険な姿勢すらうかがえるように思う。

4

筆者自身、『夕鶴』を未完成の作品と言っておきながら、長々と中西氏の所説を批判してきた。真意はこうである。先にこの作品が未完成だと述べたとき、筆者は未完成という語に傍点を付しておいた。通常、「未完成」は作品の欠点を指して用いられる。筆者はそれとはやや異なった意味で、他に適当な語が見出せないままにとりあえず「未完成」という語を用いたのである。筆者自身は、作品としても教材としても『夕鶴』を高く評価している。ここでは「未完成」という語で、『夕鶴』という作品の特質を表してみたかったのである。

さて、読解という過程にしろ鑑賞という段階にしろ、教室での仕事（それに先行する教材研究という作業をも含めて）、さらに一般化して、そもそも作品を読むということは、広い意味で言えばそれは批評活動である。批評のためには一定のものさし、基準が必要である。それでは、その基準はどこにあるのか。むろん批評者（読者）の内にある。

それは確かにそうなのだが、一方、その基準は、対象である作品の中にもある、とも言えるのではないか。このことは、批評者（読者）がその内に持っている基準というものが、そもそもどのように形成されてきたものであるかということを考えれば理解しやすい。もともと白紙の状態であった読者の中に、さまざまな作品と出会うことによって、そのことを通して、次第にその読者独自の基準というものができあがっていったものである。つまり、批評者の内なる批評基準というものは、新しい作品に出会うことによって、常にいくばくかの修正をうけるものであり、そうでなければならないと思う。これは、読者の批評基準を修正させるような作品こそがすぐれた作品である、と言い換えてもよい。

そういうことを前提にして、ここにひとつの仮説を比喩の形で提示してみたい。樹木というものは、地表面を境にして、根と枝という二つの部分に分けることができる。それは、形の上からみれば、地表面を対称面とした面対称になっている。しかし逆にそれぞれの機能の面からみれば、両者は正反対の機能を担っている。水や栄養分は、根のそれぞれの末端から吸収され、次第に集められ、ついには太い一本の幹に合流する。そしてひとたび地表面を越えると、それらは今度はまったく逆に、太い幹から次第に分流し、最後には各枝の末端において、花を咲かせ、果実を実らせる。

これを文学作品の型にあてはめてみる。「根型」の作品は、さまざまのディテイルが、論理的に的確に、主題という一本の幹に合流しており、統一性、一貫性の明確なものである。それにたいして「枝型」の作品は、一本の幹から出ていることは明らかではあるが、それぞれの枝の末端にある色彩も大きさもさまざまな花や果実が樹全体の印象を特徴づけるように、作品のさまざまのディテイルがそれぞれの輝きを持っているということ。統一性という点ではやや欠けるところがあるにしても、作品全体としてはある豊饒を持っている、そういう作品を指す。

比喩やそれに基づく作品分類にどれほどの妥当性があるかという問題があるが、「根型」の作品としては、森鷗外の『最後の一句』や新美南吉の『ごんぎつね』などが考えられ、『夕鶴』を「枝型」の作品として考えると、筆者にはよく理解できる。（『夕鶴』という作品からこの比喩を思いついたのだから当然である。）

標準語と方言の問題等言葉の問題、「ばか」のみが人間性を持ちうるのではないかという寓意のこめられた与ひょうのキャラクターの問題、「おかね」が持つ人間性破壊の悪魔的性格、等々。この作品はさまざまの、しかもそれぞれが深くて重い問題をわれわれの前に提示している。それらが『夕鶴』の、花であり果実である。われわれにとって『夕鶴』は、単一の教材というよりも、教材群とでも呼ぶことができるものである。それほどの豊かさを持っている。その「豊かさ」を批評基準として用意するならば、『夕鶴』は、作品としても教材としても、大きな価値を持つように思われる。大胆にいえば、『夕鶴』はそのような新たな批評基準の設定を迫る、少なくとも筆者にとっては、そういう作品であった。

5

確かに『夕鶴』をめぐる評価や解釈の振幅は、けっして小さいものではない。そこでひとつの単純な事実について考えてみたい。それは『夕鶴』が戯曲であるということである。つまり、戯曲というものが持っている享受の二重性ということである。

戯曲は戯曲として読まれ、批評を受ける。そして戯曲は、上演され、演劇として鑑賞され批評を受ける。『夕鶴』にたいする評価、解釈には、戯曲そのものにたいするものと、それが上演された舞台にたいするものと、その両者が混在しているのではなかろうか。さらに、戯曲は固定して動かないが、舞台というものは動く。演出というものは、作者の意図を実現するという面を持つと同時に、演出者による戯曲の解釈という面をも持つ。さらに、すべての舞台は演出者や役者や観客やその他もろもろの条件によって、厳密に言えばすべて一回だけのもので、全く同じものはない。舞台の一回性ということまではともかく、戯曲を読むときと、その舞台を観るときと、同じ作品であってもかなり異なった印象を受けるということは、われわれも日常的に経験することである。

『夕鶴』にたいする解釈や評価のゆれについて考える場合、それが戯曲にたいするものかそれとも舞台にたいするものか、分けて考える必要があるのではないだろうか。これはひとつひとつの解釈や評価ついて、それが戯曲について行われたものか舞台について行われたものか、厳密にそれを腑分けするという意味では必ずしもない。というのは批評者のほとんどは戯曲も読みかつ舞台も観ている（順序は人によって先後があるだろうが）だろうからである。

先に述べた印象の「混在」は同じ批評者の同じ文章内にもあり得る。

筆者は戯曲の解釈や批評を読む場合の便宜としてそれを大きく「読者型」「観客型」に分けて読む必要があると考えているが、これは今述べたようにひとつの便宜であり、戯曲という活字を見てのものか舞台という映像を観て書いているか、そういう「事実」を重視するということではなく、あえて言えば批評のスタイルの問題、と言い換えた方が筆者の考えに近い。つまり、その批評の対象が、戯曲と舞台のどちらにより重点が置かれているか、あるいは、批評のモチーフをどちらからより多く得ているかということである。『夕鶴』の場合（だけに限らないかもしれないが）、読者型の批評はより理論的な傾向を持ち、観客型のそれはより情緒的な傾きを持つといえる。

筆者には、先に掲げた中西氏の「素直にこの幕切れの哀切さにひたらせればよいと思う」などは、典型的な観客型の読みのように思われる。筆者自身、何度も舞台を観たが、そしていつも事前に戯曲を読みそこから得た問題意識を持っての観劇であったが、ほとんどの場合、観客である筆者はその問題意識のほとんどを忘れてしまい、「素直にこの幕切れの哀切さにひた」ってしまうことが常であったからである。

6

「読者型」「観客型」これらふたつの読みかたを弁証法的に統一総合するような観点を設定することはできないか。筆者はそのヒントを、冒頭にあげた千田是也の、つぎのような言葉の中に見出す。「俳優の仕事は、戯曲に内在する生きた人間を発見し、それに己の心臓の血を注ぎ、己の身体で抱き暖め、それを目に見え耳に聴える存在にすることである」。つまり、「この冷たい文字の下に生きた肉体、作者の思想、感情を直視する文学的感受性——これなしには、俳優の創造の第一歩というものは、決して踏み出せないのである」。そしてその「俳優」の「文学的感受性」を、氏は「戯曲を読む術」と呼んでいる。

この千田の言う「戯曲を読む術」が、「読者型」「観客型」の二者を超えて、それらを止揚する第三の視点になる可能性を持っているように思う。そして仮に「役者型」とでも呼ぶべきこの視点、読みかたを教室の中へ持ち込みたいと思っている。筆者は必ずしも『夕鶴』上演を、舞台化を授業の最終目標にするべきだと言っているのではない。もちろん舞台化を否定するわけではないが、戯曲の中のことば（せりふとト書き）を、自分のことばとして（生きた人間のことばとして）読み進めるということを言っているのである。そうすることによって、戯曲の提起する問題がより深く（肉体的に）自分の問題として受け止められる可能性を開くのではないか、そしてそれが、国語教室の空疎を救うひとつのモメントになるのではないか、そう思うのである。

7

先に、中西氏の読みを「観客型」の典型と言ったが、ここで筆者が「読者型」の代表と考えている石川清氏の読み[7]を見てみたい。そして、それに関連させながら、筆者の言う「役者型」の読みについても若干述べることにしたい。

石川氏は、与ひょうのいわゆる「裏切り」（のぞき）の場面における木下順二の改作を大きく取り上げている。まずその場面の本文を抄出しておく。

〔初稿〕一九五〇年刊アテネ文庫版より

与へう　おい、何がゐるだ？　コン中に。……つうはをらんのけ？

運　づ　（物どに引っ立てられながら）つ、鶴だぞ。

物　ど　（それを打ち消して）ばか。（与へうに）おい、この部屋の中にはな、黄金が山の様にあるだ。今だんだんとつもって行きよるとこだで、おとなしく待っているだぞ。さあ運づ、来う。（ひっぱって去る。）

与へう　はあ？　黄金だ？　黄金がだんだんとつもって行きよるとこだと？　はア見たいのう……つうが黄金をもって来たんかのう……おいつう、何しとる？　見たいのう……いんね、いかんいかん、つうに怒られる……そんでも、そげに沢山黄金が……二枚分も三枚分もの金だ、きっと……何百両だ……はあ、見たいのう……見ちゃいかんかのう……（後略）

〔現行〕一九五六年刊筑摩書房版現代日本文学全集50木下順二集

与ひょう　おい、何がいるだ？　コン中に。……つうはおらんのけ？

運　ず　（物どに引っ立てられながら）つ、鶴だぞ。鶴がおるだ。

物ど運ずをひっぱって去る。

与ひょう　はあ？　鶴だ？　鶴がおるんかな？　この中に……はあ、見たいのう。いんね、いかんいかん、つうに怒られる。……そんでも鶴が何しとるだ？……はあ、見たいのう……。見ちゃいかんかのう？……

（後略）

石川氏はこの改作について、まず、改作前の形では「裏切りの重要な原因の少なくとも一つが『黄金』＝人間性を破壊しようとする社会的な力の誘惑、与ひょうの人間としての堕落であるであることがはっきりと示されている」のにたいし、改作後（現行）では、「この思想は完全に姿を消し、裏切りはつうと鶴との関係さえ全く理解しえない『バカ』の行為であるかのように改められている。」とされ、「この改作は改悪であり、極言すれば、作者の思想的、芸術的（真の意味での！）な後退であるとさえ考える。」「与ひょうは『ばか』として描かれるべきではなかった。少なくとも、裏切りの主要な原因が決して与ひょうの『ばか』ではなく、人間性を破壊しようとする社会的な力の象徴としての『黄金』であったことだけは、明確に示されるべきであったと私は思う。」と批判された。

まず改作の理由について考えてみる。それは石川氏も認めておられることだが、「芸術的」唐突さを解消するためのものであったろう。石川氏の口吻からすれば、小さな芸術的唐突さを解消することによって、より大きな「真の意味での」芸術性を犠牲にしてしまったようであるが。

しかし、どう考えてもこの場面に「黄金」が出てくるのはドラマとしていかにも唐突である。その理由の一つは、それが実景ではないということ。二つ目には、鶴が布を織っているという実景を見て、たとえそれが商人である惣どにとって「黄金が山の様」という心象風景になり得たとしても、その心象風景を与ひょうにそのまま伝えなければならないという必然性がないこと。つまりここは、劇の進行からすれば、与ひょうにのぞく契機を与えなければならない場面だが、そのためには運づの「鶴だぞ」というせりふだけで十分だということ。（つうがいると思いこんでいる与ひょうには、中につうがいないという情報だけで必要かつ十分であろう）。したがって三つ目には、運づのせりふを強く打ち消して運づに向かって言う「ばか」という惣どのせりふが、必然性がないために非常に不自然なものになるということ。

この不自然は、惣ど役者にとってはかなりの苦痛に相違ない。むろん観客にとっても同じく不自然な飛躍を要求することになる。初稿台本による舞台、役者の演技を観ていて、それを感じ取った作者の感受性が如上の改作をさせたのではないかと私は想像している。石川氏は、「読者」として、論理的一貫性を基準にしながら作品をおそらく「黙読」していったので、この部分での改作を論理の破綻と受け取ったのであろう。そういう意味では、初稿執筆時の作者木下順二も、その時点では「読者型」の思考をしていたと考えてもよい。

さらに、この場面から「黄金」の語が消えることによって、このドラマ全体における「『黄金』＝人間性を破壊しようとする社会的な力」の存在感が無化されたり減殺されたりするであろうか。この問題は、この場面に「黄金」の語が消えることによって消滅するような、そんな線の細い問題でけっしてない。「『黄金』＝人間性を破壊しようとする社会的な力」は、終始与ひょうの半ば無意識のうちにその心を侵食していっているのであり、それだからこそ不気味な恐怖を感じさせるのであって、初稿のように不自然に顕在化させることは、却って問題を浅薄なものにしてしまうように思われる。石川氏の言葉をそのまま借りれば、逆に「真の意味での」「芸術性」を殺いでしまうように思われる。

以上述べたような理由により、この部分の改作は、木下順二の作家的成長を認める証しにこそなれ、「改悪」あるいは「思想的、芸術的後退」とすることはまったくあたらないものと考えられる。

次に、石川氏は抄出部分を「裏切りの主要な原因」と考え、したがって改作がこのドラマの最終的結論を「甚だしく稀薄にしてしま」ったと述べておられる。ここでも氏の「読者型」の読み誤りを指摘できるように思う。つまり、氏の言われるところの、初稿における「黄金」にたいする欲望、現行における「ばか」の好奇心は、いずれも論理的には「裏切り」に至る底流にはあるものの、与ひょうの「のぞき」という具体的行為との関わりで言えば、いずれもそれは遠因に過ぎず、その直接的で「主要な原因」は、氏の引用された部分にではなく、実はその直後の部分にあるのである。

与ひょう　（承前）見ちゃいかんかのう？……のう、つうよ……のう、ちょっと見るだぞ。いんね、いかんいかん、見ちゃならんとつうが云うただ。のう、つう……おい、つうよ。……何で返事をせん？……

おい、つう……つうよ。……はれどうしただ？　つう……おい……はあ、黙っとる……見たいのう……見たいのう……おい一寸見るでよ……（ついに見る）はれ？　鶴が一羽おるきりだ。……つうがおらん。……はあどうしただ、こら……おい、つう、つうよ……はれおらん……どうしたらええだ、こら……つうがおらん。おいつう……つうよう……つうよう……つうよう……

一読明らかなように、与ひょうの「見る」という行為を引き起こすためには、運ずによって触発された好奇心に続いて、与ひょうの呼びかけにたいしてつうが返事をしないという状態が必要であった。このことを裏返していえば、この場で、与ひょうの呼びかけにたいしてつうが、何らかの返事をしていさえすれば、おそらくこの「裏切り」は行われなかったのではないかと思われる。

このことは、このドラマを貫く一本の重要な軸の存在を示唆する。そしてそれは、このときつうはなぜ返事をしなかったかという設問が出発点になる。つうは返事ができなかったのである。なぜなら、つうはその時つうではなく、一羽の鶴だったから、と一応単純に答えられる。しかしこの単純な解答は、与ひょうとつうとの間に深々と横たわる超えがたい深淵を暗示していると考えることができる。そしてそれは、ドラマの冒頭からほのかに見えており[8]、その進行につれて次第に顕在化し、「裏切り」の直前には決定的なものとなる[9]。そして、つうが去った後のドラマの終局部分まで続いているように思われる。

さらに、この断絶、深淵を容易に認識し得ぬ与ひょうの（「ばか」だから認識できないのではない。「ばか」ではない惣どや運ずも正確にはわかってはいない）このときの心理を、次のように分析していくとき、作品『夕鶴』はさらに豊かなふくらみを見せてくる。

好奇心から出発しながらも、実際に「のぞく」ときの与ひょうの心の中には、自分の呼びかけに答えないつうにたいする「気がかり」がある（「どうしただ？　つう」）。この「気がかり」は「心配」「不安」と言い換えてもよく、愛する者にたいする特有の心情である。つまり端的に言えば、与ひょうのつうにたいする「愛」が彼を「のぞか」せたと言えるのである。その証拠として、のぞいた後の与ひょうの心の中には、つうの不在にたいする強い驚きと狼狽、さらには我が身を家から遠く離れた雪の原野に投げ出すような深切な悲しみ（「ほんにまあわら、雪ン中にぶっ倒れて、何しにあげな所まで出て行っただ。（物ど）」「おら達が抱えて來んなら、今頃は凍え死んどるとこだに（運ず）」）、そういうものしか存在しない。たとえば、一羽の鶴を見て好奇心が満足させられるとか、織りかけの布を見てそれが「黄金」に変わって自分の欲望が満たされるであろうとか、そういう種類の気持はまったく存在しない。

また、もしかりに、のぞいた与ひょうの目に映ったものが、布を織る懸命なつうの姿であったならば、当然彼の心の中には、一瞬安堵が、そしてそれに続いて、自らの裏切りにたいする悔恨や自責の念が生じたものと思われる。ところが実際は、与ひょうは機屋の中に一羽の鶴の姿しか見ないのである。このことは、彼に安堵をもたらさないことと同時に、約束を破ったという、自責の念や罪の意識が生じ得ぬということを表している。したがってこの「裏切り」にたいしては、つうもわれわれもけっして与ひょうを責めることができないということになる。

しかし、与ひょうに罪の意識があると否とにかかわらず、「裏切り」は確かに行われたのであり、その行為の結果としての罰は与えられなければならない。つうは飛び去り、与ひょうはつうを失う。断絶の深みの内実は、このような非情なリアリティでもってわれわれの前に提示されているのである。

8

与ひょう　つう……つう……（鶴を追うように二・三歩ふらふらと。——布をしっかりと摑んだまま立ちつくす）

物どもそれに引きこまれるように、三人の眼が遠い空の一点に集まる。微かに流れて来るわらべ唄――
（傍点石川氏）

幕切れの傍点部分について石川氏は、「あのすさまじい非人間性の権化、あの社会的な力のあれ程忠実な下僕であった筈の惣ど」が、「与ひょうや運ずの人間性の世界にいとも簡単に『引きこまれた』」と解釈し、次のように非難される。「この最後のト書きが戯曲『夕鶴』全体に対して持つマイナスの意義はきわめて大きいといわざるを得ない。それは現実には決して解決されていない深刻な対立を感傷的なムードの中であいまいにし、事実上解消させている点、実際は容易には決して獲得し得ない、人間性のそれを破壊しようとする力への勝利を安易に提示している点で、言葉の悪しき意味においてきわめて『日本的』である。即ち、妥協的で、矮小で、非理性的である！」。

氏の論は、裏切り部分の改作への評価を含めて、論旨がみごとに一貫しており、それなりの説得力を持ってはいる。しかし再び言えば、文学作品を政治学か経済学の論文を読むような、つまり「読者型」の読みをここにも感じざるを得ない。たとえば氏は、その論旨の延長線上において、いったいどのような幕切れの場面を具体的に思い描いておられるのであろうか（幕切れの場面をどのように演出されるのだろうか）。天空に飛び去っていく鶴の姿には目もくれず、与ひょうの手の中にある布を必死に奪い取ろうとする惣ど、鶴に視線をやりながらもこれまた必死に奪われまいとしている与ひょう。その争いの中で幕。当然わらべ唄は流せない。これではまるでドタバタ劇になってしまう。

傍点部分について氏は、「右の解釈以外には決して考えられない」と言われる。果たしてそうであろうか。まずこれは「ト書き」である。戯曲におけるト書きは、原則的に言えば、場面や人物行動についての作者の具体的な指示である。問題の「それに引きこまれるように」の「それ」は、必ずしも「人間性の世界」ではなく、単に一羽の鶴の姿が次第に小さくなり視界から消えていこうとする状況を、「引きこまれるように」は、必ずしも「人間性のそれを破壊しようとする力への勝利」ではなく、単に一時その場の雰囲気につり込まれるように、というように、物どや運ずの具体的な演技行動を指示しているとも解され得るのではあるまいか。もしそうであれば、「現実には決して解決されていない深刻な対立」は「解消」されてしまったわけではなく、問題は、観客や読者の中に、後に述べる「夕鶴第二幕」として残されたものと考えることができよう。実際問題としても、鶴の姿が三人の視界から消え去った後、残された布をめぐっての攻防が再び始まるであろうことは、容易に想像される。したがって幕切れの演出としては、物どの、眼だけは鶴の姿を追いながら、手は与ひょうの手の中にある布にかかっているという形になるであろう。ト書きに具体的な行動指示以上の意味づけをしようとすれば、たとえば終幕近くの「物どと運ずが飛んで出て（与ひょうを）抱きとめる」や「運ずの腕の中に喪神したような与ひょう」なども、氏の言われるような批判の対象になるのであろうか。

次に、より基本的な問題として、物どという人物は、果たして氏の言われるような「すさまじい非人間性の権化」として造型されているのであろうか。氏はその論拠としてこの部分の直前の物どのセリフ「ところでのう、二枚織れたちゅうはありがたいこってねえけ」を示しておられる。たしかに、命を懸けて織り上げたつうの側からいえば非常に残酷なものには違いないが、一方、「これからどんどん布を織らせて大金儲けをしようと思っていたのに、結局はこの二枚でおしまいになってしまった。でもまあ、今回は一枚しか期待していなかったのだから、二枚手に入ったということはありがたいことではないか」といった、以後手に入らなくなったという残念さと、期待以上の収穫のうれしさとが混じり合った、一種の無邪気な現実認識、あるいは現状肯定という合理性を読むこともできるのでなかろうか。

「無邪気」は舞台の雰囲気から出てきたやや情緒的すぎる、適切さを欠いた措辞かもしれないが、「すさまじい非人間性の権化」は逆に、作品の文字から生まれ、「読者」の中で肥大化していったひとつの観念のように思われる。惣ど役者久米明は次のように言っている。「やはり惣ども、つうをツルと思いこむ民話の世界に生きている人間であり、富を生む商品としての千羽織を眼のあたりに見て、いちはやく我が手に収めようとしても、一瞬与ひょうがしっかと胸にだきしめたときは、たじろいでしまう人間である。(勿論いずれは手に入れてしまうことであろうが)」[10]。また、戸板康二も、「与ひょうを唆のかす二人の村男は、そのくせ極く他愛もない凡人で、いきり立つ気にもなれぬ程の『戯画』にすぎぬ」[11]と述べている。「極く他愛もない凡人」が言い過ぎだとすれば、同じく「すさまじい非人間性の権化」も逆の意味でそう言えるのではなかろうか。

9

最後に、先に中西氏の所論についての言及の中で保留しておいた、「その後の夕鶴」について簡単に私見を述べておきたい。既に引用しておいたように中西氏は「『その後の夕鶴』を考えるという作業は無意味であろう」と述べておられるが、結論だけを端的に言えば、どのような文学作品の授業(授業だけでなく、文学作品を読むということ、と一般的な場合にまで広げてもよい)において、「その後の夕鶴」ということを考えない、考えさせない、つまり、作品の中だけで自己完結するような授業が、果たしてほんとうに文学の授業と言い得るのだろうか。読み終えたひとりひとりの心の中に、どれほど豊かな「夕鶴第二幕」へのインパクトを与え得るか、それこそがすぐれた文学作品の条件であるし、文学の授業の意義であると思う。「その後の夕鶴」を考えることは、意味があるかないかではない、自明的に必要なものである。

以上が筆者の『夕鶴』の読みかたについての現状報告である。情緒的な印象に流れたり、固定した観念で截断したりすることの問題点を若干指摘しただけで、不十分なところも多い。

たとえば、「枝型」とは言っても、当然「幹」が無ければ「枝」は無い。『夕鶴』における「幹」はいったい何か。筆者は現在、「愛」ということについて考えている。与ひょうもつうも、終始お互いを精一杯の強さで愛している。それを、与ひょうの「ばか」や、つうの「女の狭さ」（たとえば、「……もうどこへも行かないでね？　誰ともよその人とははなしなんかしないでね？」）を取り上げてその破綻の理由を説明したり、あるいはそれらを克服すべきものとして批判したりすることは容易である。しかしその容易さの故に、作品の読みをより深めるための方途にはなりにくいのではあるまいか。それよりも、お互いに深く愛し合いながらも、結局は乗り越え得ないなにか、埋めきれないなにか、理解し合えないなにか、そういうことについて考えることの方が、作品世界をより豊かにする手だてになるのではあるまいか。筆者はこの論の中でそれに、断絶とか深淵とかという名を与えてみた。人間の欲望と、それを悪魔にまで育て上げるある種の社会的な力、それももちろんあるであろう。しかしそれと同時に、男と女、人間と人間との間には、宿命的に仕掛けられている罠のようなものがあるのかもしれない。

人間的な悩みを悩み、人間的情念に翻弄されながら、その最期には大きな一羽の白鳥と化し天空に飛び去る。飛び去ることによって初めてその苦しみから解放される。この世からの飛翔によってしか解放され得ぬ人間の苦悩。これは『古事記』の倭建命の美しく哀しい宿命であるが、つうの哀切な愛は、筆者にそういうことをも連想させるのである。

注（1）「戯曲を読む術―文学的感受」（『近代文学鑑賞講座22劇文学』角川書店刊）。以下、千田氏の所説からの引用はすべて同じ。

（2）たとえば、与ひょうとつうとの間でことばが通じなくなる場面があるが、どういうときは通じてどういうときに通じなくなるのか、厳密に検討していくと、わからなくなってしまう。また、つうを求めてさまよい出て雪の中にぶっ倒れてしまった与ひょうを救助するのは惣どと運ずの二人だが、その救助がまったくの偶然のできごとのように記されているところなど。

(3)『綜合版　夕鶴』所収「民族演劇の源泉」と題する木下順二・松本新八郎・鶴見和子による座談会における発言。

(4)『綜合版　夕鶴』所収「演技について」

(5)『綜合版　夕鶴』所収「夕鶴の美しさ」(高知新聞所載劇評からの転載)

(6)「木下順二『夕鶴』『彦市ばなし』」(『高等学校国語科教育研究講座』第五巻　有精堂刊)。以下、中西氏の所説の引用はすべて同じ。

(7)「『夕鶴』をめぐる二三の問題」(雑誌『カオス』二十六号。後『教えるとは希望を語ること』岩波書店刊に再録)。以下、石川氏の所説の引用はすべて同じ。

(8)たとえば、冒頭、子供たちが、留守であるつうの行き先を尋ねたときに、与ひょうが「どこだやら、おら知らんわ」と答える場面がある。仲の良い夫婦にしては、夫が妻の行き先を知らない、あるいは、妻が夫に行き先を知らせないで外出しているということで、大袈裟に言えば、夫婦の間にある秘密が存在しているということを表している。これはドラマの流れの中では、「つう＝鶴」であることの暗示、最終的な悲劇への伏線であるが、同時に、この設定にこめられた、作者の「愛」に関する深い認識、つまりそこに含まれている断絶、深淵をちらりと覗かせている、と読むこともできる。

(9)ことばが通じなくなる場面のことであるが、この設定は単純な技法ではなく、作者のことばというものにたいするきわめて鋭利な認識を表している。「こころ」の断絶を「ことば」の断絶という比喩で表す、これ以上的確な方法を考えつくことは不可能のように思われる。

(10)『綜合版　夕鶴』所収「演技について」

(11)『綜合版　夕鶴』所収「夕鶴余情」

七　文学教材『ぼくの伯父さん』（長谷川四郎）について

「ぼくの伯父さん」

この題名は、今から展開される物語が、童話風の内容であることを想像させる。つまり、ぼくは小さい子供であり、そのぼくの優しい伯父さんの物語り。ところが、実際に読み進めていくと、その予想の半ばは外れてしまう。伯父さんは、八十年輩ということになっている。ということは、当然ぼくも相当な年輩ということになるのだろう。少なくとも子供ではない。

しかし、ぼくと伯父さんという間柄は、親子とか、夫婦とか、兄弟とか、同級生とか、そういうものとは基本的に違う、どこかメルヘンのようなほのぼのとした情緒を持っていて、しかもそれは、子供時代から何十年か経過しても、そのまま平行移動して保たれるようなものである。そういう童話の基調音（いくらか甘く、そしていくらかもの悲しい）が、この風変わりな物語り全体に、ほのかにしかしはっきりと流れている。

伯父は元来、「叔父」と対になることばで、父・母の兄、または父・母の姉の夫という意味だが、この物語においてはそれほど厳密な意味でこの語（文字）が用いられているわけではないだろう。

八十年輩の男が町の見物にやって来て、ついでに私のところに立ち寄って行った。九十キロほど離れた山のふもとで県営の種畜場の獣医をつとめている人だった。日に焼けた小柄な老人で。それが、たしか、さきおとい。日曜日の午後、私が本を読みながら廊下を行ったり来たりしていると玄関の戸が開いて彼が、入って来たのである。行商人のように上がりカマチに腰掛けて。自己紹介してから、わしはあんたの伯父ですと言った。

この男は、私に会うために来たのではない。町の見物にやって来たのである。そして、ついでに、私のところに立ち寄ったのだ。この、ついでにということばは、この男の口からそう語られたのだろうが、それはおそらく、この男の、私にたいする遠慮を表している。八十年輩になり、つまり人生の終末に近づいて、老人の心の中には、自分の生まれた町、家、血のつながる者、そういうものへの郷愁が募ってくる。しかし一方、故郷を離れてからの何十年もの間、まったく寄りつきもせず、従って今日まで、伯父らしいことの何ひとつしてこなかった(実はできなかった)ことからくる負いめ、後ろめたさも、同時に強かっただろう。そこからくる遠慮である。そしてそれは、「行商人のように上がりカマチに腰掛けて」という姿勢にも、はっきりと表れている。

来訪者のそのような複雑な内面はそれとして、私にとっては、平和な日曜日の昼下がりの、まったく突然のできごとである。

八十年輩でなおかつ現役の獣医ということは、当人の頑健さを表しているとも言えようが、一方、その年になってもなおかつ働かなければならないという、けっして楽ではない彼の生活状況を示してもいる。

ぼくの伯父さんは父方と母方と合計二十一人もいて。だがそのだれとも一度も出会ったことが、私はなかったけれど。ただこの二十一人のうちの四人の死亡についてては人から聞いたことがあったので。それはほんとですか、と思わず聞いた。

いわゆる産めよ殖やせよの時代であった。しかし、国策によって産み殖やしはしても、当時の農村社会に、そのたくさんの子供たちを、まっとうに育て上げるだけの経済的な基盤があったわけではない。彼らは一定の年齢に達すると、故郷を捨てて（というより、故郷に捨てられて）、自分の身ひとつで生きて行く道を、他に求めるしかなかった。たとえば外国への移民、あるいは帝国の軍人として……。しかし、出かける者の希望がどんなに大きくても、送り出す者の歌声がどんなに勇ましかったにしても、外国や軍隊における現実の生活は、故郷での苦しいそれに比べて、より楽であったとはけっして言えまい。故郷に錦を飾る成功者は、ほんのひとにぎりの者に過ぎなかった。

ぼくは、二十一人もいるはずの伯父さんの、そのうちの誰とも出会ったことがない。つまり、誰ひとりとして（ほんとうの意味で）故郷に帰れた者はいなかったのである。そういう貧しさであり、そういう時代であった。

故郷に捨てられた者たちは、成功しない限り故郷へ帰ることができない。成功した者は、故郷の貧しさをいくらかでも救うことができるからであり、そうでない者の苦しさを助けることができる故郷ではないからである。

そして、時だけが経っていく。その時間の経過の中で、彼らは望郷の思いを切なく募らせるが、反対に故郷の方では離郷者たちのことをしだいに忘れ去っていく。そして彼らが帰郷できる第二の方法は、死亡である。死によって故郷はその人のことをやっと思い出す。「先祖代々の墓」に葬られた者は、貧しい故郷にたいしてもはや何の負担も迷惑もかけない。だから受け入れられるのである。それが二十一人の中の四人であった。「それはほんとですか」という問いは、いったいどういう意味なのだろうか。つまり、この問いの中の、「それ」という指示語は、何を、どのようなことを指しているのだろうか。考えられるのは次の二通りである。

(1)　あなたが私の伯父さんだというのは、それはほんとうですか。

(2)　四人の伯父さんの死亡について人から聞いたことがありますが、それはほんとうですか。

もし(1)のように考えると、物語の後の部分とのつながりがおかしくなるし、かといって(2)のように考えると、こんどは反対に前の部分とうまくつながらない。

この問題を解決するには、⑴⑵の持っている矛盾を矛盾のままに、そのまま統一すること、つまり、別のことを言っている⑴⑵のふたつを、同じことを言っている、と考えるしかおそらく方法がない。内容に即して言えば、次のようである。

私にとって、人づてのおぼろげではあっても伯父さんとして具体的にイメージできるのは、死亡した四人しかいない。他の者は十七人という数でしかない。したがって、突然の来訪者が「あんたの伯父です」と名のったとき、私にはとっさにその四人のうちのだれかをその来訪者に当てはめるという考えかたしかできなかったのである。もちろん矛盾ではあるが。「……と思わず聞いた。」という聞きかたが、伯父さんの突然の出現にたいする私の驚きと、この質問が持っている非論理性とをよく表している。

わしはサンフランシスコから来たのではありません。あの伯父さんはとっくの昔に死にましたからね。と彼が言い急に百五十歳も年とったように見えた。すると私は思い出した。サンフランシスコに移住した伯父というのは農業労働者で、五尺そこそこの小男で。ジープを運転して。よく舗装された自動車道路を進んでいくと、横合いから別のジープが飛び出して来て。ブレーキを踏んだがまにあわず、衝突してしまったところが、そのジープから一人の男が降りて来て棍棒でぼくの伯父さんの頭を殴りつけた。続けざまに三回。伯父さんはその場で死んだ。目撃者の話によると伯父さんはオケサ節を歌っていて相手の男は身の丈二メートル三十センチあったそうである。そして訪問者はあいかわらず上がりカマチに腰掛けていた。

私にとって伯父さんの話は、はるかな昔の話である。それは何十年か前の実際のできごとというよりも、百五十年も前の、「むかしむかし……」と語り出されるおとぎ話のような非現実的なものである。何しろ、どの伯父さんとも、ただの一度も会ったことがないのだから。

四人の死んだ伯父さんのうちの一人。彼は、ほんのひとにぎりの成功者の話にひかれて、新天地アメリカへ農業労働者として移民していった。しかし、そこに待っていたものは、生活苦だけではなかった。人種や民族にたいする偏見。黄色くて小さい東洋人は、白くて巨大なアメリカ人から、人間として扱われなかった。全く無法に、まるで虫ケラのように殺されたのである。

その伯父さんは、死の直前に故郷の民謡を歌っていたと伝えられている。おそらく故郷にたいして何ひとつ楽しい思い出を持ってはいないこの離郷者は、なおそのゆえに、燃えるような熱く哀しい望郷の思いを抱いていたのである。

わしは感電したことなどありませんよ、あれはもう一人の伯父さんですと老人が言った。すると私は思い出した。その。もう一人の伯父さんは工場の中で高いキャタツの上に腰掛けていて。それが仲間のスイッチの切りまちがえで高圧線に触れて死んだ。目撃者の話によると、その時。大工場の内部が山中の大雷雨になって一面に青く光り、伯父さんの目から盛んに火花が四方八方に飛び散って。それから黒焦げになった伯父さんが落ちて来たそうである。そして訪問者はあいかわらず上がりカマチに腰掛けていた。

死んだ伯父さんの話その二。彼はどこかの町の工場で感電死したのである。農村で生まれ、その少年時代を土に親しみ魚を捕って過ごしたであろう彼にとって、喧騒に囲まれ塵埃にまみれた出稼ぎ先の町の工場は、いかにも慣れにくいものであっただろう。そしておそらくは、スイッチを切りまちがえた仲間も、同じ離郷者であったかもしれない。

「大工場の内部が山中の大雷雨になって一面に青く光り」という壮麗な比喩、「伯父さんの目から盛んに火花が四方八方に飛び散って」といういっそ荘厳ともいえる光景、そして「それから黒焦げになった伯父さんが落ちて来た」という壮絶な描写。安全対策や労働条件というものに、ほとんど注意を払わなかった、当時の企業や国家の体制の、犠牲者であったと言えるだろう。兵士を消耗品としか考えなかったのが戦争だったとすれば、工場もひとつの非情な戦場だったのである。

馬が前へ進まないで、逆戻りしたのものですから。老人が言った。私は思い出した。さらにもう一人の伯父さんのことを。彼は電報配達をやっていて、自転車をこいで全速力。村道を走って来た。雨上がりで道路はでこぼこしていた。ちょうど曲がり角で水たまりの穴に落ち込み彼の自転車が横倒しになって。そこに石炭マンサイの馬車が、馭者なしに停車していて。その馬が後じさりして来た。自転車から投げ出された伯父さんの腹部に、馬車の車輪がのしかかって来た。馬は後じさりをやめなかった。わしが駆けつけて馬を押さえた時はもうおそかったのです。あんたの伯父さんは細長い叫び声をあげていましたよ。あいかわらず訪問者は上がりカマチに腰掛けてこう言っていた。こんどは彼自身が目撃者なのだった。では、あなたは未確認戦死者ですか。と私は言った。四人のうちの最後がそれだったからである。

伯父さんの死その三。電報配達をしている途中の事故死である。当時電報といえば、たとえば戦死を知らせるとか……とにかく、時ならぬ時にドンドンと戸をたたいてやって来る「電報です!」の声は、たいていは不吉な知らせであった。だからそれを運ぶ配達夫は、おそらくは重い気持ちで、しかし一刻も早くと、気を急かせていたに違いない。雨上がりのでこぼこ道を、全速力で自転車をこいでいた伯父さんの、仕事への誠実さと、彼を襲った突然の災難とがよく表されている。

いや、あれはどこかの新興都市の白いビルディングの地下で白骨になっているでしょう。だれも見たやつはいないが。あいかわらず上がりカマチに腰掛けたまま訪問者が言った。

伯父さんの死の話その四。四人目は「未確認戦死者」として私に（故郷に）その死が伝えられている。戦争で死んだのだが、いつ、どこで、どのようにして死んだのか、まるでわからないということである。このような死者は、本土をも含めて、広大な地域が戦場になっていたことを考えると、数えきれぬほどであったに違いない。そして彼のように、戦死が確認されない場合、本人もその家族も戦死の名誉というものを、精神的にも物質的にも（見舞金や年金など）、国家及び周囲の人々からいっさい受けることができなかったのである。

数えきれぬ死者が、だれにも確認されずに（死者が死者を確認することはできず、生者は自らの生を維持することに精いっぱいである）土中深く放置される。そしてその上に、しゃれたビルディングが建ち、新興都市が出現する。つまり、あのたくさんの死者の死の意味というものが、深く考えられることもなく、新しい時代、新しい生活が始まるのである。それが戦後の復興であり、繁栄というものであった。

死んだ四人の伯父さんの話をしている間、訪問者は終始「上がりカマチに腰掛けたまま」で、作者はそのことを四回ともくり返して書いている。このことは、訪問者が遠慮の姿勢を崩していないともいえるが、それよりも、私の方で、次々に明らかにされる伯父さんの死に呆然としてしまって、上がることをすすめるのを忘れているのである。

採り立てのイワシが三ダースほどありますから。オリーブ油で揚げて、食べましょう。お上がりになりませんかと私は老人を誘った。ぱっと喜び彼は立ち上がり。しかし上がろうか上がるまいかと思案している様子だった。手に持っていたバスケットを上がりカマチに置いて。これから町を見物して来たいが、案内してくれませんか。なにしろ初めて来た町ですからねと彼が言った。私はすぐさま承知してバスケットをそこに置いたまま訪問者といっしょに町へ出た。

海辺の町に住む私にとって、魚は珍しいものではない。ことにイワシはそれほど高級な魚ではない。しかし、「九十キロほど離れた山のふもと」からやって来た老人にとっては、たいへんなごちそうだ。それにもまして老人は感激している。今まで何ひとつ何ひとつ伯父らしいことをしてやらなかったばかりか、何十年間寄りつきもしなかった自分が、ある日突然に「あんたの伯父です」と言って現れたのにたいして、この甥は嫌な顔もせずに迎えてくれたばかりか、新鮮なイワシまでごちそうしてくれようとしている。やっぱり故郷だ。老人は生まれて初めて、故郷の暖かさを感じている。死ぬ前に一度故郷へ行ってみたいが、果たして行ってもよいものかどうか、そういう数十年来の迷いと不安が、一瞬に消えたのである。老人の顔は思わずほころぶ。

それにしても、老人は、ほんとうに初めてこの町に来たのだろうか。後に続く「町に出ると老人が先に立ちすたすたと歩き」などからみて、どうもそうではなさそうに思える。それでは老人はうそをついているのか。そうとも思えない。そんなうそをつかなければならない理由がない。

とすれば……生まれ故郷とはいえ、老人はかつてこの地を捨てた人間なのである。志成らずんば死すとも帰らじの思いで。そして老人は、実際に何十年もの間ここを訪れていない。その間にここは、新しい町と言わねばならないほどに、すっかり変わってしまってもいるのである。その激しい変化の中で、老人は、何十年間変化していない心の中の風景に導かれて、先に立って歩き始めたのである。

町に出ると老人が先に立ちすたすたと歩き私がそれを追いかけた。町は一本のよく舗装された道路になっていて。小柄な老人はコウモリガサを開いて風に吹かれふわふわと飛んで行くように見えた。町には大雨が降っていたが、ここだけ晴れていて、しきりに雨と自動車のクラクションの音がしていた。私は風に吹き飛ばされた帽子を追いかけるように訪問者を追いかけた。すたすたと走った。一本のよく舗装された道路は、海へ突き出していて。老人はやがて歩みを緩め私と並んで長い長い突堤の上を歩いて行った。ハミングで何やらやりながら。両側が海で一キロも二キロも三キロもある突堤である。とうとうそのいちばんはずれまで来た。さあ。戻って、イワシを食いましょうよ。私は言った。まあ待て。老人はこう言うと服を脱ぎ海に飛び込んで、それっきり見えなくなった。

故郷はすっかり変わっている。あの懐かしい田の畦道や小川も今はない。代わりに「一本のよく舗装された道路」と「自動車のクラクションの音」とがある。しかし外観がどんなに大きく変わっていても、やっぱり懐かしい故郷であることに違いはない。「風に吹かれふわふわと飛んでいくように」足取りも自然に軽やかになる。現実の町には大雨が降っていても、老人は今、入道雲のわき立つあの夏の空の下を、子供のように駆けているのだ。しきりとする雨の音や自動車のクラクションの音も、降るような蟬時雨やかん高い雲雀の鳴き声に聞こえているのかもしれない。足は自然に、子供のころに泳いだあの海の方へ向く。あのころ歌った歌さえが、ついハミングになって口を突く。ああ、海だけは昔と少しも変わっていない。老人は年を忘れて飛び込んでしまう。

「さあ。戻ってイワシを食いましょうよ。」という私のことばにたいして、老人はつい我を忘れて、「まあ待て」

と、少年の甥に伯父が言うような口ぶりになる。それまでは、「……です」「……してくれませんか」というような言いかたをしていたのに。

どうしたものだろう。三月で空気が冷たくて海ときたらますます冷たそうだった。とても海に飛び込む気はしなかったが。見ると沖に老人の丸い顔が現れ。顔の真ん中に丸い口が開き何やら叫んでいたが何を言っているのかわからなかった。顔はまた海中に没してしばらくすると岩壁をよじ登り訪問者が突堤の上に出て来て服を着けハンチングをかぶった。私たちは帰路につき近道してマーケットを通り抜けて行った。

海の中から老人は、何を叫んでいたのだろうか。「おーい、おまえもいっしょに泳ごうよ」と言っているのだろうか。それとも「やっぱり海はいいものだなあ」と言っているのだろうか。いずれにしろ老人は、いまやすっぽりと故郷のふところに抱きかかえられているのである。

わしのおやじのやつ、わしをいきなり海にほうり込んでね。と道々老人はキリアゴをガクガクさせて言った。たしかわしが七つの時だったから、あれから八十年。いや七十七年かな。おもしろいもんだ。それっきり海に入ったことないんだが、試してみたら今でもちゃんと泳げるじゃありませんか。ここで老人はとてつもなく大きなクシャミをした。やっぱり非常に寒かったに違いない。

私たちはイワシをから揚げにして食べた。食べ終わると訪問者は白いゴムの手袋をはめていて。馬には産婆なんかいりませんがね。それでも立ち合わなくちゃあ。

何十年たっても、どんなに年をとっても、故郷の町がどんなに変貌してしまっても、でも変わらないものがある。あの大きな海。そして、おやじが自分の体に遺してくれたもの、泳ぐ能力。大きなクシャミをしながらも、老人の心は暖かくなっている。これが故郷というものだ。

おいしいイワシを食べ、老人は再び、自分の生活へ帰って行く。しかしこのつかのまの帰郷は、彼に再び、生きる力のようなものを与えたようである。出産を控えて、自分を待ってくれているあの馬たちへの、新鮮ないとおしみの気持ちがよみがえる。

　こういって老人はバスケットをぶらさげてレーンコートをひらひらさせバス・ストップへ手を振り振り走って行った。

老人が手にぶらさげているバスケットの中には、いったい何が入っているのだろう。どうも何も入っていないからっぽだったように思える。伯父として、初めて会う甥への手土産のひとつでも入れて来たかっただろうに。

それにしても、故郷は老人にとってははるかに遠いものであった。それは九十キロという地理的遠さではなく、八十年（あるいは七十七年）という、時間で測られる遠さであった。初対面の甥に手土産ひとつ持って来ることができないという、貧しさが隔てている悲しい遠さでもあった。老人は以前、何度かこの町へ足を向けたことがあったに違いない。そしてこの日も、私の家の前までやって来て、思いきって中に入る前に、何度も行ったり来たりしたに違いない。

そして、「手を振り振り」バス・ストップへ走る老人の心は今、暖かいものでいっぱいにふくらんでいることだろう。手にぶらさげているバスケットも。

い、ぼくは、老人がいったい誰なのか、ほんとうに自分の伯父さんであるのかどうか、最後まで決めかねている。老人のいろいろな話を聞き、いっしょに町の見物をし、イワシを食べさせてあげたりしながらも、最後まで伯父さんとは呼びかけていない。「訪問者」「老人」で通している。二十一人もいる伯父さんに、今までだれとも、一度もあったことがないということから考えるとやむを得ないことかもしれない。かと言って、相手がうそをついて自分をだましていると考えているわけでもない。

しかし、あまりの唐突さにたいする最初の驚きをはともかく、死亡した四人の伯父さんの話を聞かされているうちに、ぼくの気持ちはしだいに変わってくる。イワシをごちそうするために「お上がりになりませんか」と誘ったとき、老人は「ぱっと喜」んで立ち上がるのだが、その様子をみて、ぼくのほうもうれしくなってしまう。町を見物して来たいという老人の申し出にも、私は「すぐさま承知」する。

一度も見たことのない二十一人の伯父さん。目の前の老人がその中のだれであると特定することができないだけに、二十一人全体にたいするほのかないとおしみの気持ちが出てきたのかもしれない。それはまた、ぼくの伯父さんたちでなく、伯父さんたちの世代一般にたいしてのものであったろうか。

「今まで一度も会ったことのなかった伯父さんたちの、突然の来訪によって、ぼくの心の中に残された不思議な印象」というふうに主題を考えてもよいと思うが、たしかに不思議な物語である。「町には大雨が降っていたがここだけ晴れていて」とか、「両側が海で一キロも二キロも三キロもある突堤である」とか。また、伯父さんはほんとうに、三月の冷たい海で泳いだのだろうか。何しろ八十歳を越える年なんだから。だいたいこの老人はほんとうに私の伯父さんだったのだろうか。

そんなことを言い出せば、老人はほんとうに私を訪ねて来たのだろうか、そんなふうにさえ思えてくる。日曜日の昼下がり、昼寝に見た夢の話ではないのだろうか。

　でなければ、これは大人の童話なんだ。突然の来訪者が、「わしはあんたの伯父です」というセリフを言ったとたんに、私は急に子供になり、メルヘンの世界が展開し始める。故郷と呼ばれる、土地と人間とのつながり、家族や血縁と呼ばれる、人間と人間との絆、それらの中でわれわれは生きているのだが、そのつながりとは一体何なのだろう。うそとほんとうの間の淡いもやのようなもの。この物語自体が、そういう童話の表情を持っている。いくらかのほのぼのとした暖かみと、いくらかの寒いようなもの哀しさと。この世のすべての童話は、これら二つを必ずあわせ持っている。

　心理的な間や、感情の流れに忠実に、いわば話しことばの句読法を用いたこの特異な文体の小説は、一つひとつの語句や表現をていねいに押さえながら主題を探っていくという読みかたを、拒んでいるように見える。そのようにして読み終えたとたんに、何かたいせつなものを取り逃がしてしまったのではないか、そういう思いが残るからである。

　人間の体の、形を造り支えているものは骨格だ。骨がなければグニャグニャと、それこそアメーバかなにかのような不定形の生き物になってしまう。しかし、われわれがある人物にたいしてある印象を形成するのは、骨格にたいしてではない。骨格の回りにある筋肉、その全体を覆っている皮膚にたいしてだ。顔の皮膚の様子を「表情」と呼んでいるが、とりわけその「表情」というものが、その人の印象を形成する最も大切な要素になっている。

　しかし、表情はさまざまな印象を形成する。この物語の表情も、読む人に実に多様な印象を与えるに違いない。しっかりと骨組みを押さえた後で（薄っぺらな感覚読み、印象読みにならないために）、各自自由に、この物語とつき合っていけばよいのかもしれない。

（本文は、三省堂版「現代文」によった。）

八　文学教材『ひかりごけ』（武田泰淳）について

——教材化とその問題点——

いささか古い話になるが、武田泰淳の『ひかりごけ』が初めて高等学校国語科の教材になったのは、三省堂発行昭和六十一年度版『新現代文』においてである。その時、その教材化の現場に立ち会ったものの一人として、若干の報告をしておきたい。

そもそも教材化とは何か。何のための、どういう作業なのか。単純にいえば、文学全集や文庫本に収められているある作品を、教科書という器に移し換えるということの作業は、ある見かたからすれば、余計なお世話であり、別の見かたからすれば、意味のある教育的なしごとである。教材化の作業からかなりの時間を経た今から見れば、当時はそれなりに意味のあることと思っていたことが、結果としては余計なお世話だったのかも知れない。そういう思いもある。

余計なお世話というよりも、さらに、こういう形での教材化が、当時としては、さまざまな条件の下でのあり得る最良のもの、と考えていたはずなのだが、今になってみれば、大小いくつもの問題点が、含まれていた。それがはっきりとしてきたように思われる。そういう点もある。

そのような認識に立っての本稿は、したがって、かつての『ひかりごけ』教材化に関する自己批判、自己反省でもある。

ただ、本稿では、あくまでもかつてのわれわれ自身による『ひかりごけ』教材化に関する問題点にとどめ、教材化という作業の持つ、意味内容や問題点についての一般的、総括的な考えについては、他日機会を得てまとめてみたいと考えている。

なお、『ひかりごけ』教材化の作業は、筆者単独で行ったものではむろんなく、教材（作品）分析の部分も含めて、当該教科書編集委員会における論議に負う点が少なくない。しかし、以下に述べるような本稿の内容の全体についての責任がすべて筆者にあることはいうまでもない。

1

最初に、原作と教材との本文異同は、以下の三点である。

①　原作は、小説部分、戯曲部分「第一幕　マッカウス洞窟の場」、同「第二幕　法廷の場」の三つの部分より成るが、そのうち第三の「第二幕　法廷の場」のみを教材とした。

②　第二幕冒頭、「時」「人物」に続く、［演出者（すなわち読者）に対する注意］[1]全文を削除。

③　終末に近い部分で、船長のせりふの途中に挿入されているト書きのうち、（……ごくかすかに、第一幕の終末に奏された音楽が、鳴りはじめる）の傍線部を、祈禱《きとう》の音楽が、に書き換え。

便宜上逆順に説明する。

③の書き換えは、第一幕を教材化しなかったことからくるやむをえざる処置。注を付す方法もあったが、第一幕の該当部分から補うという形にした。

②の部分は、『ひかりごけ』という作品全体から見て、かなりの重要性を持つものであるが、削除した小説部分、

第一幕と深い内容的繋がりを持っており、教材自体のまとまりという観点から削除することとした。ただし、実際の授業においては、たとえば授業の終りに、作品理解をさらに深めるために、教授者から資料として提示されることを強く期待している。

①は、明確な規定があるわけではないが、ある程度の長さを越える作品は丸ごと採用することができぬという、教科書という器が持つ宿命的、物理的制約からくるものである。言い訳にならぬ言い訳をすれば、その一つは、小説部分は戯曲部分の序[2]として読むことが可能といえば可能であるということ。いま一つは、第二幕の「演出者（すなわち読者）に対する注意」の中で作者自身が、「もしも、主人公の全く変質してしまった第二幕を、第一幕の延長と納得できない場合は、第二幕と第一幕を、別箇の劇と考えてもさしつかえはない。」と言っていること。

そういうことを踏まえつつ、教材化に際しては、削除した小説部分を、梗概の形で教材本文に前置した。この梗概は、教科書製作者（編集委員会）の手になるものであり、責任の所在を明らかにして批判を受けるために、やや長文ではあるが、次にその全文を掲出しておく。

> 九月の中ごろ、私は北海道羅臼《らうす》を訪れた。そこの中学校長とマッカウシ洞窟《どうくつ》へ天然記念物のひかりごけを見に出かけたおり、「すごいやつがいますよ。」と聞いたある男についての話は、私の創作意欲を大きく刺激した。羅臼の郷土史家に事件の概要を聞いたところ、以下のようなことがわかった。
>
> 大東亜戦争たけなわの昭和十九年十二月三日早朝、急務を負った船団「暁《あかつき》部隊」は、根室港を出帆、知床《しれとこ》経由で小樽《おたる》に向かった。ところが、船団の中の一隻、第五清神丸が羅臼沖合で暴風雪にまかれて、船長以下七名の乗組員は、最寄りの海岸に上陸した。
>
> 二か月後、船長一人が、羅臼から二十一キロ離れたルシヤに現れ、羅臼村役場に保護され、戦時美談として

村じゅうに喧伝《けんでん》されたが、彼一人がどうして助かったのかはだれにもわからなかった。

五月になって、上陸地点付近へ出かけた漁民が、乗組員の遺体の残骸《ざんがい》を発見するに及んで船長の行動が明白となった。彼の自白によれば、上陸して避難小屋にたどり着けたのは、彼と西川という乗組員の二人だけだったという。彼らは、かもめを捕ったりあざらしを捕ったりして飢えをしのいでいたが、一月の中ごろ西川が死ぬと、自分にも同じ運命が待っていると考えた時、野獣のような気持ちが燃え上がり、死体の肉を切り取ったのである。一月の末になるとそれもなくなり、どうせ死ぬのなら行けるところまで行ってと決心して歩きだしたところを救助されたというのである。

後に、この船長は、死体毀損《きそん》、及び死体遺棄の罪名で刑に服した。

一か月の北海道旅行から帰京してすでに二か月、この事件になんとかして文学的表現を与えようと思い、戯曲として表現する策を考案した。つまりあまりなまなましくないやり方で、読者それぞれの生活感情と、無数の道を通って、それとなく結びつくことができると考えたからである。


原作の削除部分を梗概という形で載せるということは、やむをえぬこととはいえ、問題がないわけではない。まず第一に、文学作品は論説、評論などと違って、要約とか梗概化などという作業に、本来なじまないのではないか。次に、梗概は、教材本文の正確な読取りに必要な最小限の原作情報を提供するのがその役目であるが、梗概というものの性格上、どうしても何がしか不十分な点が出てくる。ところが、教材化したほうの側では、原作全体が頭に入っているので、その不十分さに気が付きにくい。そこで、原作全体を読んでいれば防ぎ得るような誤読が生じたり、実際の授業に際しては、教材本文以外から資料を求めなければならないという、余分な負担を教室に強いるというようなことが起こる。

たとえば、『ひかりごけ』という題名の意味について。

この「ひかりごけ」ということばは教材本文には全く出てこない。梗概の冒頭に、「九月の中ごろ、私は北海道羅臼《らうす》を訪れた。そこの中学校長とマッカウシ洞窟《どうくつ》へ天然記念物のひかりごけを見に出かけたおり、……」と出てくるだけである。このことは、教室において作品の題名の意味について考えるときにおそらくある種の戸惑いを感じさせることになるだろう。というより、戸惑いを感じさせるというだけではすみそうもない大きな問題があるように思われる。

具体的に考えてみよう。梗概の冒頭部にしか題名『ひかりごけ』の意味について考える手掛かりがないということになると、どうなるか。

たとえば手近な植物図鑑に(3)、次のような記述が見える。「山地の洞窟、岩隙、倒木の根かげなどで原糸体が光を屈折して、黄緑色に光るのでこの名がある。(中略)原糸体には糸状の部分と、レンズ状の細胞が平面的に並んだ部分とがある。入射光はレンズ状の細胞にはいって屈折し、葉緑体の集まった細胞の奥で反射されて再び入り口に返ってくる。したがってヒカリゴケの光は光線を背にしてみないと判別できず、また反射された光りは緑色をおびる」。(傍線筆者)

このような植物学的知識が熱心な生徒によって教室に提示されたとしても、それは作品最後の「首の後ろ」の「光の輪」と、どのように結びつくか。予想としては、ほとんど不可能であろう。よし直観的に何らかのつながりを両者の間に感じとる生徒がいたとしても、作品全体が期待している形での読みに到達することは、やはり至難、というよりも不可能というよりほかないであろう。

ということは、題名の意味如何、という発問にたいしては、梗概冒頭に着目しての、「話者(梗概部分の「私」)がある奇妙な事件を知ることになったきっかけにすぎない」、という、作品理解としては最も浅薄な、というよりも、はっきりと間違った答案が、正解とならざるを得ないということだろう。これは、教室の罪ではなく、このような形での教材化がもたらした結果である。(4)

『ひかりごけ』という題名の意味を正しく考えるためには、そしてそれについての教材の不備を補うためには、教室は、削除部分から少なくとも次の二箇所を、資料として用意せざるをえなくなるだろう。

A　小説部分の、「私」が「中学校長」の案内で「ひかりごけ」を実見するところから。

相手が指し示した場所に目をやっても、苔は光りませんが、自分が何気なく見つめた場所で、次から次へと、ごく一部分だけ、金緑の高貴な絨毯《じゅうたん》があらわれるのです。光というものには、こんなかすかな、ひかえ目な、ひとりでに結晶するような性質があったのかと感動するほどの淡い光でした。苔が金緑色に光るというよりは、金緑色の苔がいつのまにか光そのものになったと言った方がよいでしょう。光りかがやくのではなく、光りしずまる。光を外へ撒きちらすのではなく、光を内部へ吸いこもうとしているようです。（中略）踏まれても音一つ立てない、苔のおとなしさが、洞いっぱいにみちて来るのが感ぜられます。何か声を出せば、私たち肉食獣の肉声の粗暴さが、三方の岩壁から撥ねかえってくる気がする。光っているあいだのひかりごけには、いくらか、威厳も認められますが、苔そのものは、絨毯や畳、毛布、その他平凡な敷物の、むしろ毛ばたったりしている部分に似て、それよりも弱々しい生え方をしています。永い年月、生きのびて来た植物の古強者《ふるつわもの》らしい根強さは全くなく、どんな生物も棄て去った場所に、誰の邪魔にもならず、薄い層として置かれたままになっている。生きんがために策略をめぐらす、蘚苔類の奇怪な生き方を、不気味に押しつけてくる気配もありません。

どんなに私の視力が鋭くても、また私の検査が手なれて来ても、洞内一面に、はなやかな光の花園を望み見ることなど、できはしないのです。あるわずかな一角が、ようやく光の錦の一片と化したと思うと、すぐ別の一角に、その光綿の断片をゆずり渡してしまうのですから。しかもその寂しい光が、増しもせず強まりもしない、単純な金緑の一色なのですから。

B　第一幕　西川と八蔵の会話の部分より。（船員五助は死に、その死体を船長と西川は食い、八蔵は食わなかった。）

西川　（少しずつ、後じさりする。やがて、彼の首のうしろに、仏像の光背のごとき光の輪が、緑金色の光を放つ）

八蔵　やっぱ、そうだわえ。おそろしいもんだ。

西川　何だ。何がおそろしいだ。

八蔵　おめえの首のうしろに、光の輪が見えるだ。

西川　（首を左右に回す）おらには、見えねえど。

八蔵　おめえにゃ見えねえだ。おらには、よく見えるだ。

西川　おめえの眼の迷いだべ。

八蔵　うんでねえ。昔からの言い伝えにあるこった。人の肉さ喰ったもんには、首のうしろに光の輪が出るだよ。何でもその光はな、ひかりごけつうもんの光に似てるだと。

西川　（焚火の傍へ走りもどる。光の輪、消える）そったらこた、あるもんでねえ。眼の迷いだ。眼の迷いだ。

八蔵　眼の迷いであってもれえてえもんだ。（ふたたび仰臥す）

西川　まだ見えるだか。

八蔵　もう見えねえ。

西川　そうれ、みれ。やっぱ、眼の迷いさ。

八蔵　そうでねえだ。その光の輪はな。誰にでも、何処ででも、見えるようなもんじゃねえだ。ある人間がよ、ある向きからよ、ある短けえ時間だけ、見れば、見えるだよ。

第二幕だけを採り、小説部分を梗概の形でそれに前置するという、この教材化の方法がもたらす問題点について、ひとつの具体例をあげて考えてみた。この『ひかりごけ』という題名について考える上での障害は、けっして小さい問題ではない。しかし、本稿では、さらに大きなもうひとつの問題について考察すべく、その他大小さまざまの多くの問題とともに、その検討の一切を省略することとする。

ただ、梗概作製時に、われわれが特に意を用いた一点について、ここで述べておきたい。梗概末尾の部分についてである。

一か月の北海道旅行から帰京してすでに二か月、この事件になんとかして文学的表現を与えようと思い、戯曲として表現する策を考案した。つまりあまりなまなましくないやり方で、読者それぞれの生活感情と、無数の道を通って、それとなく結びつくことができると考えたからである。

該当するのは、原作小説部分のやはり最末尾の、次の部分である。

いずれにせよ私は、「文明人」諸氏から、珍奇であり残忍であると判定されるにちがいない、ペキン事件、この読者にはあまり歓迎されそうにない題材に、何とかして文学的表現を与えなければなりません。私はこの事件を一つの戯曲として表現する苦肉の策を考案いたしました。それは、「読む戯曲」という形式が、あまりリアリズムのきゅうくつさに縛られることなく、つまりあまり生《な》まなましくないやり方で、読者それぞれの生活感情と、無数の路を通って、それとなく結びつくことができるからです。この上演不可能な「戯曲」の読者が、読者であると同時に、めいめい自己流の演出者のつもりになってくれるといいのですが。

事件そのものの経緯とは関係のないこの部分を、ことさらに、それもかなり忠実に梗概として採ったのは、戯曲としてこの事件を表現した作者の弁明、つまりこの事件が戯曲として表現されたことの理由、について考えたいためだけではない。それらについて考えることを通して、戯曲というジャンルの特性、あるいはその読みかたということについても、ここで考えて見たかったからである。

高校生など若い人達が本を読まなくなった、ということばを聞くようになってから、もう随分久しい。普通の小説のようなものすらあまり読まないとすれば、まして戯曲など読まれることがあるのだろうか。教科書の中にも、戯曲教材はけっして多くない。なぜか。

角度を変えて、書く方の側から眺めてみることにする。自分の中に在る外に出たがっているものを、どんな素材を使って表現するか。音を使えば音楽になり、色を用いれば絵画になり、石や木を使えば彫刻になり、ことば（文字）を用いれば文学になる。さらに、同じく文字を用いるにしても、どんな形式（ジャンル）を選ぶか。つまり、ある文学者がある経験（直接でも間接でも）をしたとき、それを小説、詩、短歌、俳句、戯曲、ルポルタージュ……どんな形式（ジャンル）で表現するか。

それらの選択は、すべて表現者の自由意思に委ねられている。自由意思ということをもっと正確にいえば、表現者はその内容に最もふさわしい、最も効果的な素材と形式（ジャンル）とを選ぶのである。そしてその選択の理由は明示されず、読者は普通表現された結果（作品）によって推測するのである。作品を読むということは、内容と同時に、その素材や形式（ジャンル）の特性、それらがその時なぜ選ばれたかということについても考えるということをも含んでいるとすることもできようか。

以上ながながと一般論を述べ来ったが、引用箇所は、作者が戯曲形式を選んだことの理由を説明したものと考えることができる。

その要点は次の三点である。

①表現形式として作者は、戯曲を、その中でも「読む戯曲」（レーゼドラマ）を選んだということ。

作者は「この上演不可能な『戯曲』」（実際には上演されたことがある）と言っているが、同じ戯曲でも、上演を前提とした場合と、上演されないことを前提とした場合とでは、書く姿勢がまったく違ってくる。舞台を作るのは、役者にしろ、道具類、照明、音響の製作にしろ、すべて生身の人間がやるわけだから、さまざまな制約や約束事がある。しかし「読む戯曲」であればそのすべてを無視することができる。作者は、表現に関してほぼ完全なフリーハンドを獲得したことになる。

②その形式は、あまりリアリズムのきゅうくつさに縛られない、ということ。

戯曲表現の大部分は、登場人物の「せりふ」からできている。つまり、あるできごと、それの起こったときの状況、そのときのその人物の心情、それらについての表現は、描写や説明として作者自身の口から直接読者に詳しく語られるのではなく、作者の生み出した登場人物によっていわば間接に語られるのである。しかも、登場人物Aは、読者に向かって話しているのではなく、登場人物Bに向かって話しているのであり、その間接性は二重になっているのである。やや形式論理めくが、読者からみると、小説の作者に比べて戯曲の作者はかなり遠くにいるように感じられるのではあるまいか。これが、戯曲があまり読まれないことの一因と考えられる。それはともかく、そういう特質を持っている戯曲の作者は、描写や説明の克明さという点では、ある程度免責される（ような気分になれる）

のかもしれない。

③したがって、作品（作者）は、それぞれの読者とそれぞれの結びつきかたが可能になるということ。

大部分が人物の「せりふ」でできており、描写や説明としての「ト書き」が、いわば補助的な役割を果たしているにすぎない戯曲形式は、読む側からすれば、小説に比べてより大きな負担を強いられることになる。ひとつひとつの「せりふ」は、複数の読みかた（解釈）が可能であり、読者はみずからの経験や生活感情によってそれぞれを確定しながら、読み進めていかなければならないからである（そういう意味で、上演された舞台は、ある特定の演出家による、戯曲の一解釈であるといえる）。

一方この負担は、自由ということでもある。つまり、作者がリアリズムのきゅうくつさに縛られていない分、それだけ読者の、想像力による作品への参加の余地が残されているとも言えるのである。読者は、作者の判断や思想を押し付けられるのではなく、自分固有の生活感情と作品とをかなり自由につなぐという方法で、その解釈ができるというわけである。

戯曲が読まれないということは、以上のような戯曲の特性からくる煩わしさ、読者である自分に作者から直接ことばが向かって来ないように感じること、意味が固定しておらずせりふのひとつひとつについて自分で解釈しながら読み進めていかなければならないこと、ということからではなかろうか。むろんそれらは、裏返せばそのまま、戯曲を読むことの楽しさにもなり得るはずのものだが。

2

『ひかりごけ』第二幕　法廷の場、の中心のテーマは、文字通り「裁き」である。そこに展開される作者の思想は、冒頭、開幕時舞台設営の説明のところにおいて、すでにかなり明瞭な形で示されている。

人物　船長
　判事、検事、弁護士等、一般の法廷に必要なる諸人物、及び傍聴人。

作者は、船長以外の人物を、一行（一文）にまとめて記述している。判事以下の人物は法廷内においてそれぞれ、公正なる審判者、犯罪の告発者、弁護者、直接裁判に加わることのない傍観・観察者等、別個の役割を演じているように見えるが、それは表面的なものにすぎず、実際は、裁くものと裁かれるものとの二種類の人物しかいない、裁判（裁き）というものの構造をそのように認識している作者の思想を看取することができる。

それは、判事や弁護士のせりふ、途中随所に挿入されているト書き（検事のせりふにたいする「拍手」とか、船長のせりふにたいする「失笑」「怒号」など）にうかがえる傍聴人の言動などによっても明らかである。

検事が「（前略）いいか、お前に自分の罪を思い出させてやろう。お前は八歳を、指から喰いはじめたのか、それとも耳からかね。お前は西川の皮を、腹からむきはじめたか、それとも背からかね。爪をはいだとき、どんな音がしたかね。嚙みついたとき、どんな嚙み具合だったかね。」と言ったとき、船長は、「……検事殿、自分の経験しないことを、いろいろ想像するのは、よくありませんよ。」という痛烈なせりふを吐く。

裁判というもののプロセスの総体は、一言でいえば、過去におけるある事実を再現するための努力の積み重ね、と言えるだろう。できるだけ正確な再現を期すために、意図的に正反対の立場に立つ二人の人物、検事と弁護士とが、目的的に配役される。そしてその両者からまったく等距離の位置に、審判者としての判事が配置される。その構図は、客観的事実の追求という目的から見て、非常に均斉のとれた正三角形になっているように見える。しかし、そこに展開されるのが、事実そのものではなく、その再現でしかない以上、その正三角形も、やはり一種の仮構であるとしかいえないのかもしれない。しかも、残された事実の痕跡の断片をつなぎ合わせる接着剤としては、「自分の経験しない」者が「いろいろと想像する」しかないのだから。

幕開くと、白昼の光まばゆき法廷。

第一幕（マッカウス洞窟の場）開幕時の説明は、次のようである。「おどろなる吹雪の音につれて、幕上がる。舞台一面、岩場岩組のおもむきにて、焚火の焔に照されたる男四人、黙然としてうずくまり居る」。両者の対比に注目したい。当事者以外誰も目撃者のいない暗闇の中で事件は起こり、事件を直接には経験していない衆人注視の白日の下で裁きは行われるのである。そこでは、いかなる物理的、心理的陰影の一片もその存在が許されない。

ただし、その法廷の構造は、第一幕の洞窟と、どことなく似通っている。

実際に上演しようとすれば、このような指定は、舞台作りの技術上非常に難しいところであろう。どうやれば観客に二つの舞台が似ているという印象を与え得るのだろうか。こういう書きかたは、「読む戯曲」作者の特権である。

それはともかく、この説明の意味はどういうことか。法廷が裁きの場だとすれば、洞窟もまた裁きの場であった。すなわち、船長はあの洞窟においてあの行為を行いつつ、すでにその場で同時に裁かれつつあった。理論的には成立可能なひとつの仮説である。しかし、船長自身の「裁判というものが、私とは無関係のものに思われるんです。」ということばによってその仮説は否定されているように思われる。上のせりふは、いま法廷で、本当の意味で裁かれているとは思っていない、ということを言っている。真実の裁きというものは、まったく別の場で、別の形で行われる。それはやはり、洞窟で、ということなのであろうか。

さらに、素直に読めば、洞窟が法廷に似ているのではなく、その反対だと作者は指定しているのである。「正義」の名による裁きの場である「法廷」が、それがそのまま「犯行」の現場である。裁きという名の犯罪。

「私はがまんしています。」船長はこの「がまん」ということばを、法廷の場だけで、計十四回くりかえす。最も消極的、自閉的な「がまん」の姿勢を持し続けることによって、結果として、最も効果的、攻撃的に、法廷、裁きというものを、撃っているのである。『ひかりごけ』の「船長」は、すべてを突き抜けたような、きわめて特異、かつ印象的な人物である。筆者はかつて、『ひかりごけ』に至る泰淳文学をたどり読みすることで、「船長」の人物像について、次のような系譜を考えたことがある。

①『司馬遷』昭和十八年刊

泰淳は昭和十二年招集を受け、輜重補充兵として中支に派遣された。そして丸二年後の昭和十四年上等兵で除隊するや、その二年間の戦争体験にもとづいて、『司馬遷論』の構想を立て、メモをとり始める。そしてそれは、昭和十八年、書き下ろし評論『司馬遷』として実を結ぶ。

司馬遷が『史記』において書いたもの、書こうとしたものはいったい何であったのか。泰淳は二つのことを指摘している。一つは、「世界」ということ。「世界」ということはつまり「全体」ということである。興亡、栄枯、盛衰、これらの歴史上の事実を、個々にたいする哀惜や感傷によるのではなく、自然科学者に似た態度で、宇宙的な全体構造の中でとらえ、描くということである。最も低いところにカメラを据え、ギリギリのアングルでとらえた「世界」である。そしていま一つは、「世界」を描くのに、諸事象を分析的哲理の方法によって描くのではなく、「本紀」「列伝」「世家」等、あくまでもそれを「人間」の歴史として描いたのである。歴史を動かしてきたものが、個人個人としての「人間」であるという、認識と信念とによるものであろう。

司馬遷や『史記』にたいする泰淳の向かいかたは、『司馬遷』の冒頭、次の有名な一節に如実に表れている。


司馬遷は生き恥さらした男である。士人として普通なら生きながらえるはずのない場合に、この男は生き残った。口惜しい、残念至極、情なや、進退谷《きわ》まった、と知りながら、おめおめと生きていた。腐刑と言い宮刑と言う、耳にするだにけがらわしい、性格まで変るとされた刑罰を受けた後、日中夜中身にしみるやるせなさを噛みしめるようにして、生き続けたのである。そして執念深く『史記』を書いていた。『史記』を書くのは恥ずかしさを消すためではあるが、書くにつれかえって恥ずかしさは増していたと思われる。

②『審判』昭和二十二年四月発表
敗戦を上海で迎えた泰淳は、翌昭和二十一年四月引き揚げ船で帰国する。これはその一年後に書かれた戦後初の小説と言ってよい作品である（帰国の年に『才子佳人』『才女』『秋の銅像』の三作品があるが、『才子佳人』は旧稿に加筆したも

のであり、後の二作はやや随想風のもので、創作としての結晶度はそれほど高くない）。

作中作者泰淳に似た「私」は、終戦後の上海で会った「不幸な一青年の物語」をする。戯曲形式は採らないものの、この入れ子型の構造は、内容も含めて『ひかりごけ』と少なからぬ類縁性を認め得るように思う。青年の名は、二郎。

二郎は戦争中、中国のある農村において、一人の盲目の農夫を、まったく何の意味もなく殺してしまう。それは二郎自身のことばで言えば、「兵士であった私というより、やはり私そのものが敢えてした殺人」であった。と同時に、地球上であの殺人を知っているのは自分だけである、という事件であった。戦後、あれこれの煩悶の末、二郎はかねてからの婚約者にそのことを告げる。そして惑乱する彼女を見て、彼女を失うことは自分にとって致命的であると知りつつも、自分の方から破約する旨を言いわたす。そして、多くの日本人が次々と帰国していく中で、二郎は、自らの犯罪の場所にとどまり、自分の殺した老人の同胞の顔を見ながら暮らす、つまり、自分の罪の証拠を毎日つきつけられている生活を選ぶ、という決心をするのである。それは贖罪のためというよりも、自殺もせず、処罰もされずに生きていくとすれば、そういう絶えずこびりつく罪の自覚しか、これからの自分の拠り所は無いのではないか、という思いからであった。

国家がある意思を持ち、それにもとづいて戦争という犯罪を犯し、結果として敗戦という罰（裁き）を受ける。その裁きが、たとえ完全なる滅亡、亡国という苛烈なものであったとしても、それはそれとして当然なものとして、受け入れることができるかもしれない。しかし、と二郎は考える。国家の意思によって戦場へ行き、そこでなされる個人個人の個々の行為の意味や責任、受けるべき罰の問題はどうなるのか。「つまり日本が亡びる亡びないにかかわらず、自分だけが持っている特別のなやみのようなもの」「個人にあたえられる裁きのようなもの」はどうなるのか。二郎は二郎のやりかたで、自らを裁くのである。

③『異形の者』昭和二十五年発表

武田泰淳は、明治四十五年、東京市本郷（現在東京都文京区）の浄土宗寺院潮泉寺に生まれた。当寺院の住職であり大正大学教授（宗教学）であった父大島泰信と母つるの次男。生まれてまもなく父の師僧武田芳淳の養子となる。幼名覚《さとる》。武田芳淳は、小作人であった大島泰信に学資を出して帝大を卒業させた恩人であり、また独身僧であったため、かねてから弟子泰信との間に、その次男を後継者として貰い受けるという約束が交わされていたのである。昭和七年二十歳のとき、泰淳と改名して、芝増上寺の加行道場に入り、僧侶の資格を取る。

ひとは、その誕生とともに与えられる最初の存在の場、それによって規制される自己の生きかたについて、完全な所与として引き受けることから歩き始めなければならない。したがって、それにたいする感謝ないしは呪詛、いずれも最終的には自己に向かって内攻し、その人の生きかたのスタイルにさまざまな影を落とす、という形にならざるを得ない。そしてこれは、ある条件が感謝を、別のある条件が呪詛を規則的に生み出すといった論理学の問題ではなく、ひとつの同じ条件がある個人の中には感謝を、別の個人のなかには呪詛を生む、つまり個人個人がどう感じるかという心理学の問題なのである。

それでは、寺院に生まれ、別の寺院の後継者たるべく与えられた最初の存在の場を、泰淳はどのように感じ、どのように引き受けていったのであろうか。泰淳はこのことについて比較的よく語っているが、[5]先にも述べた二十歳のとき、芝増上寺の加行道場に入り、僧侶の資格を取ったときの経験をもとにしたと考えられる『異形の者』に、最もよく形象化されていると思う（経験から作品化までには、徴兵、敗戦等非常に大きなできごとを含む二十年近い年月が流れており、純粋に往時の思惟を反映したものとは言い難いかもしれないが、その分、『ひかりごけ』の執筆時の心情にはやや近いと言えるかもしれない）。

この作品の中で「私」は、僧侶のことを、題名にもなっている如く「異形の者」つまり「人間でありながら人間以外の何ものかであるらしき、うす気味わるい存在」と言っている。また、具体的に自分のことを「極楽の専門家」「アミダ仏の力にすがって極楽往生をとげることを宣伝する、他力本願の一宗派の僧侶」とも言い、そういう自分を人々がどう見ているかについて、次のようなシニカルな分析をしてみせている。

私は人々がいつ私たちを呼びに来るかを知っていた。ある一家のある一人が死ぬ。あるこの世の一人が、この世からいなくなる。すると、残された人々は私たちが必要のような気がしてくる。つまり人々は、あの世に関係した一群の異物が、この世にいたことを想い出す。そして私たちを呼びむかえる。私たちは専門家らしく、屍のかたわらに座を占める。人々は泣き悲しむ。氷片やドライアイスで冷やされたり、火鉢のほとりでぬくめられている、今はこの世にいない残骸。その傍につきそっている時だけ、私たちははじめてその場にふさわしく見えるのだ。人々は決して私たちと、自分たちの喜びを分ちあおうなどとは思わない。ただ悲しいとき、その悲しみだけを分ちあたえる。

つまるところ、私たちがこの世で存在意義をみとめられるのは、あの世というものが人々の頭を、ホンの一寸かすめすぎる時に限られている。だがこの世に生きているかぎり、人々はあの世をいみきらう。したがって、それを想い出させる、黒衣の専門家たちが大きらいなのだ。

①『司馬遷』昭和十八年
②『審判』昭和二十二年四月
③『異形の者』昭和二十五年

泰淳の略歴と関連させながら摘読してきた以上の三作品は、昭和二十九年に書かれた『ひかりごけ』という作品を読む上で、いずれも非常に大きな鍵になるもののように思われる。

『ひかりごけ』は、一言でいえば、船長という「人間」の人肉食という行為に関する「罪と罰」のドラマである。船長は、人肉食という、われわれの通常な感覚からすれば、「耳にするだにけがらわしい」行為をしたあと「おめおめと生き残った男」である。まさに「生き恥さらした」男である。そして、教材として採った第二幕は、その船長を裁く「法廷」を場として展開されるのだが、そこに登場するのは、自分は食わずに人に食われた者（五助・八蔵）、自分も食い人にも食われた者（西川）、自分は食ったが人には食われなかった者（船長）、および自分も食わず人にも食われなかった者（検事他）である。この世のあらゆる人間がこの何れかに分類可能だという点、および、最後に傍聴人たちをも含めてすべての人達が裁かれているという点、この作品はそういう意味で、まさしく「世界」を、「全体」を、「人間」の行為や心情を通して描いたものといえる。

次に、船長たちの船は、戦争という国家目的を遂行する途中に遭難したものであり、したがって、人肉食に至らしめられる極限的飢餓状況というものも、つまりはその戦争が作り出したものである。ところが作者は船長の「罪」について国家とか国家行為としての戦争という要素をあまり重要視していないように見える。あくまでも船長の個人としての行為のみを問題にしているようである。国家や戦争というものを免責しているわけではむろんないが、作品の主題としては、別問題にしているのである。これは、『審判』の二郎における罪や罰の意識と同位相のものといえる。さらに、船長は自らの罪と、それにたいする罰とを、何れもはっきりと認めながらも（「私は死刑になっても、当然だと思っています」）、「裁判」という形式による「裁き」には、これまたはっきりと違和感を表明している。

それでは、船長はいま、どういう場所に立っているのだろうか。「第二幕の船長は、全く悪相を失って、キリストの如き平安のうちにある」(6)とある船長の「平安」とは何か。それはやはり、一種の宗教的世界というほかないものであろう。そして、「一種の」と言ったのは、仏教とかキリスト教などわれわれが今持っているあらゆる既存の物とは別の、あえて言えば、それらすべてを超えた何かであろう。そしてさらにそれは、自らを「異形の者」とする（人の肉を食うということは、前にも言ったが、われわれの「常識」の外のことであり、それをあえて為した者は「人間でありながら人間以外の何ものかであるらしき、うす気味わるい存在」つまり「異形の者」と見られるほかあるまい）若き修行僧である「私」が、青年の性急さのままに身悶えしながら探し求めているものとつながるものでもあるだろう。

ただし、『ひかりごけ』が、先行三作品と同じものでないということは、いうまでもないことである。『異形の者』の「私」は、すべてを見透しているかのような圧倒的な仏像の眼にたいして、「その物は昔からずっと、これから先も、そのようにして俺たち全部を見ているのだ。仕方がない。その物よ、そうやっていよ。俺はこれから髪棄山に行くことにきめた」と、若い反発を見せている。また、『審判』の二郎は、すべてを打ち明け婚約者に破約を言いわたしたあと、「私には鈴子（婚約者の名――筆者注）を失った悲しみとともに、また自分はそれを敢えてしたのだという痛烈な自覚がありました。そして今までにない明確な罪の自覚が生まれているのに気づきました。罪の自覚、たえずこびりつく罪の自覚だけが、私の救いなのだとさえ思いはじめました」と、述懐している。さらに、司馬遷は、「世界」の支配者である武帝の「裁き」によって与えられた屈辱に、意志的に執することによって何かを為そうとした。

これらに比べると、『ひかりごけ』の船長には、自らの運命にたいする反抗もないし、自罰による救いの感覚もない。また、自らの行為と結果（罪と罰）とにことさら執するところも見られない。あのとき（洞窟）も今（法廷）も、自分でもわからぬものに「がまん」しながら、ただ生きようとしているだけである。そこから出てくる不思議な透明感が、この作品の特質であるように思われる。

3

前節で筆者は、教材化の時点での読みの記憶を手繰り寄せながら、『ひかりごけ』全体に迫ることを試みた。論の疎略の棚上げを許して貰えるならば、概ねその方向性は示し得たように思う。

ところが筆者には、現在一つの不安と言うか、懸念が萌しつつある。結論を先に言えば、それは、作品の完結性という問題である。『ひかりごけ』という作品が完結性を持っていないと言いたいのではない。その逆である。

筆者の示した読みの方向にしたがうならば、『ひかりごけ』は、泰淳文学の中で、先行する主要な諸作品の提起する問題を、ほぼ完璧な形で集大成する作品としての位置を与えられるはずである。筆者が取り上げた三作品のそれぞれが、『司馬遷』と徴兵（しかも敬仰する中国へ敵兵としての）、『審判』と中国での敗戦、『異形の者』と寺院に生まれたという運命、というように、いずれも作者泰淳自身の経験や状況と深く関わっているのにたいして、『ひかりごけ』がまるでそうではないということは、示唆的である。作者自身の経験や状況というものと完全に切れているということが、作品の完結性を保証し得たのではないかという意味で。

また、「がまん」といういわば素手の哲学で、あらゆるものを突き抜けていったところに開けた地平は、最もすぐれた『ひかりごけ』論としてしばしば引用される松原新一の[7]「武田泰淳は、『ひかりごけ』においてはじめて現実界を空無化する意識の極北に立った」の部分とぴったり符合するのである。

このように『ひかりごけ』は、じつにみごとな完結性を持っているというわけだが、先程筆者が、問題は逆だと言ったのは、その完璧なまでの完結性に問題がありはしないかということである。論証抜きであえて断定的にいえば、そのような完結性は、すべてがそこで閉じてしまう自閉的なものとなってしまうのではないか。『ひかりごけ』が、松原氏のように読むべき作品ならば、作者はその後、どのような作品を産み出し得るのか。作品を産み出す母体としての「混沌《カオス》」を、作者は失ってしまうことになるのではないか。

問題はもちろん、作者の側にではなく読者の側にある。筆者が1節で、「さらに大きな問題」が残されているとの指摘をしておいたことを想起されたい。松原氏はともかく、筆者はおそらく教材とした第二幕のみを偏重して、小説部分末尾に近い次のところを読みとばすかあるいは不当に軽視していたのである。

ペキン事件、「海神丸」、「野火」を綜合して整理すると、飢餓の極に達して、しかも絶対にそこから脱れられなくなった男たちの犯す罪悪は、次のようになります。

㈠、たんなる殺人。㈡、人肉を喰う目的でやる殺人。㈢、喰う目的でやった殺人のあと、人肉は食べない。㈣、喰う目的でやった殺人のあと、人肉を食べる。㈤、殺人はやらないで、自然死の人肉を食べる。

この五つを比較すると、㈡は㈠より重罪らしいし、㈣は㈢よりも重罪らしい。ただし㈠つまり、たんなる殺人と、㈤つまり、殺人はやらないで自然死の人肉を食べるのと、どちらがより重い罪かとなると、そんな比較が馬鹿々々しくなるほどむずかしい問題になってしまいます。

結局、作者の関心（作品の中心主題）は、罪と罰一般ではなく、人肉食に関する罪と罰の問題についてのみに向けられていたものだったのである。

この点に最も鋭く切り込んでいるのは、吉田熈生氏(8)である。氏は『ひかりごけ』における『野火』引用のしかたに、ある作為を見、そこから「武田の意図は『殺したが食べなかった』という命題の無意味さを立証することにあったと見ることができよう。」とし、最終的には、「極言すれば作者は『大量殺人』の行われる『文明』下における食人の復権をはかっているのである。」とされている。

だとすれば本稿の2節はまったく意味のないものになってしまうが、そうとも言い切れぬものが、筆者にはある。それは、先程作者の側には問題がない、と言ったが、必ずしもそうは言えないかもしれない節があるからである。

作品批判は本稿の目的ではないので、あまり立ち入らないことにするが、松原氏の読みから吉田氏のそれまで、そのどちらをも成立せしめる要因を作品自体が抱え込んでいるのではないか。それはおそらく、作品の幅とか豊かさといったものではなく、揺れとか矛盾と名付けるべきものであろう。たとえば、吉田氏の言うような意図で書き始め、書き進めていくうちに、松原氏の言うような作品になっていってしまった、というような。

以上、教材論としては、その実況の報告と問題点の指摘（反省）、作品論としては、具体的な問題提起をしてその一つの入口の在処を示す、ということで筆を擱くこととする。

注（1）「演出者が、よき演出（読み方）をなすためには、泰西中世の画家ボッシュまたはブリューゲルのグロテスクなる聖画、或は日本中世の絵巻物の表現法を念頭にうかべる必要がある。キリスト受難劇に似た、騒然たる静寂の気分を出すために、特にそれが必要である。

船長は、第一幕の船長に扮した俳優とは別の俳優によって演ぜられることがのぞましい。第二幕に於て、船長は、風貌声音ことごとく第一幕の船長とは、別物でなければならない。

第二幕の船長は、全く悪相を失って、キリストの如き平安のうちにある。そして何より大切なことは、船長の顔が、筆者（したがって読者）を、案内してマッカウス洞窟へおもむいた、あの中学校長の顔に酷似していることである。筆者にひかりごけを見物させ、『凄い奴がいますよ』と語って筆者をペキン事件に導入したのは、ほかならぬ校長であることを想起すれば、船長から校長への突如たる変貌は、さして怪しむに足りないであろう。もしも、主人公の全く変質してしまった第二幕を、第一幕の延長と納得できない場合は、第二幕と第一幕を、別箇の劇と考えてもさしつかえはない。

第二幕の船長は、野性的な方言ではなく、理知的な標準語を話す。それは、第一幕の船長が『我慢すること』を、野性的にしか理解できなかったのに反し、第二幕の船長は、それを理知的に感得していることを示す。」（傍点原文）

（2）序というのは、前書と同義語としての序文ということではむろんない。序破急の序ということである。川西政明氏が、作品構成について、そういう見方をしている。（『泰淳論　遙かなる美の国』一九八七年福武書店刊）

（3）『原色日本蘚苔類図鑑』（保育社刊）

（4）川西政明氏は前掲の著書の中で、「『マッカウシ』の中学校長は、『マッカウス』の船長へと変化し、『法廷』の船長＝中学校長は、処刑台へむかうキリストへと変化する。『マッカウシ』――『マッカウス』――『法廷』は、一つの宇宙を形成し、その空間を《光》が自在に走る。ひかりごけが《光る》ように、人間も《光る》。『ひかりごけ』のキーワードは、《光》・《光る》である。」と述べている。（傍点川西氏）

（5）たとえば、小林尚氏との対談（『戦後作家は語る』昭和四十六年筑摩書房刊）に、次のような発言がある。「……それだから早く、普通の人間になりたかった。坊主というのは人間以外の人間ですから……」。

（6）注（1）参照。

（7）戦後作家論叢書『武田泰淳論』（一九七〇年審美社刊）

（8）『ひかりごけ』（『解釈と鑑賞』第三五巻第一〇号　昭和四十五年八月至文堂刊所収）

Ⅳ　国語教育の領野に咲く花々

九　比喩

かんじんの話のなかみはすっかり忘れてしまっているのに、それとは関係のない、ひとかけらのことばだけが、いつまでも印象に残っている。むかしのことばかりではない。げんにある作品を読んでいて、面白い表現にぶつかると、ひょいと鉛筆を取って傍線を引く。

川は日照りですっかり川底をさらけだし、この井戸の水がようやくナマズのつばほどに流れこんでいたものだったが
（李箕永《イギヨン》『民村』）

含蓄のある箴言のようなことばもさることながら、こんなさりげないすてきな比喩をみつけると、うれしくなってしまう。私の読書のひそかな楽しみのひとつである。

×××

比喩は、抽象的なことがらを表現しようとするとき、具体的なものに置き換えて、ことばのイメージ力を利用するとき、もっともその威力を発揮する。たとえば、大きな悲しみを、時間つまりゆるやかな忘却が徐々にやわらげてくれる、ということを、

時間は生活の医者に似ている。時間は心の傷口を縫い合わせ、絶望の痛みを消し、ある種のあらがいがたい感情を静め、黙らせることができる。
（古華《クホア》『芙蓉鎮』）

と言うようにである。

しかし、抽象的なことばが、比喩に使えないわけではない。「……のような恋」という言いかたはよく見かけるが、次のような比喩のすばらしさには、ちょっとまいってしまう。

あなたのきれいなまんまるのなかに浮かんだまま朝のばら色の天をまちたいのですけれど。お月さま。あたしはここにをります。大きな恋愛のやうな気持ちで御座います。
（草野心平『聾のるりる』）※るりるは蛙の名。

×××

私の考える比喩のおもしろさの条件。まず第一に、新鮮でなければならない。たとえば、

光陰矢の如し。

この卓抜な比喩は、人々をあっと言わせたに違いないが、いまや使われ使われてひとつの慣用句になってしまい（すばらしい比喩だったからこそ慣用句になったのだろう）、卒業式などで聞いても、当事者以外の胸をあまり揺すぶることはない。

第二は、たとえられるものとたとえるものとの距離の大きさ、そこからくる意外性。

世は広間天井をはる霞かな　（『犬子集』）

といってこれなど、意外性もあり、実に壮大な比喩なのだが、もうひとつおもしろくない。貞門流の見立てだが、目で見るよりも頭でこしらえているからだろう。

きのふ見し花の枝折や魚の骨　（政定『誹諧中庸姿』）

と、談林になると、奇矯にはなるが、その奇矯さを誇っている作者のしたり顔が見えてしまう。
これからみると、やはり芭蕉は天才だと言いたくなる。

はれ物にさはる柳のしなへかな

この句「はれ物に柳のさはるしなへかな」という形もあり、『去来抄』にも取り上げられている。支考が「柳のしなへハ腫物にさハる如しと、比喩也」と言うのにたいして、去来は、「比喩にしてハ誰〳〵も謂ハん。直《じき》にさハるとハ、いかでか及バん」と反論する。しかし丈草も許六も賛成してくれないので、さすが自信家の去来も、「後賢猶判じ玉へ」とわれわれに判断を委ねている。
判断をまかされた「後賢」たるわれわれもやはりこの句比喩だと考えざるを得ないが、といって、完全に比喩だけだとすると「芭蕉翁の句中最も俗な句ぢゃ」と露伴が言うように、技巧的な作品になってしまう。芭蕉最も晩年の元禄七年の作だということを考え合わせると、去来のように実際経験があったとまでは言わないにしても、単なる技巧ではなく、一種病的なまでにとぎすまされた感受性をそこに見ることができるように思う。その微妙なところがこの句の手柄だし、いったんこう言われてしまうと、「柳のしなへ」はほかに言いようがない、その後柳の技を見ると必ずこの句を思い出してしまう、それがすぐれた比喩の力なのであろう。

芭蕉にはこれより先、「こがらしや頬腫《ほほばれ》痛む人の顔」（元禄三年）という作品もある。

ついでながら。蕪村こそは比喩の詩人である。そのほとんどが比喩と言ってもいいくらいだ。「稲妻や波もてゆえる秋津嶋」の壮大さ、「ゆくはるや同車の君のさゝめごと」の王朝風のロマンティシズム、「朝霜や釼を握るつるべ縄」の生活実感、「寒月や松の落葉の石を射ル」の鋭利さ、「朝顔や一輪深き淵の色」の凝視、等枚挙にいとまがない。

何事の見立てにも似ず三日の月

さまざまなことばを選びあぐねた末に、ついに比喩を放棄してしまったこの句、作品の出来栄えはともかく、それなりにおもしろい。

× × ×

作品の題名でも、『夜明け前』（島崎藤村）、『太陽の季節』（石原慎太郎）、『子夜』（茅盾《マオトン》）、『傷痕』（盧新華《ルーシンホア》）などは、ひとつの時代情況を完璧に言い表した比喩になっている。

×××

お前、この爛漫と咲き乱れている桜の木の下へ、一つ一つ屍体が埋まっていると想像して見るがいい。何が俺をそんなに不安にしていたかがお前には納得が行くだろう。

馬のような屍体、犬猫のような屍体、そして人間のような屍体、屍体はみな腐爛して蛆が湧き、堪らなく臭い。それでいて水晶のような液をたらたらとたらしている。桜の根は貪婪な蛸のように、それを抱きかかえ、いそぎんちゃくの食系のような毛根を聚めて、その液体を吸っている。

何があんな花弁を作り、何があんな蕋を作っているのか、俺は毛根の吸いあげる水晶のような液が、静かな行列を作って、維管束のなかを夢のようにあがってゆくのが見えるようだ。

（梶井基次郎『桜の樹の下には』）

作者はこの作品の最後に、「今こそ俺は、あの桜の樹の下で酒宴をひらいている村人たちと同じ権利で、花見の酒が呑めそうな気がする」と書いているが、われわれ読者は、これを読んだあと、「花見の酒」が呑めるかどうか。

×××

あなたは思想で全ヨーロッパを灌漑する

（艾青《アイチン》「ロマン・ローランを悼む」）

フランスの文学者への挽歌・讃歌を通して、ひとりの中国の詩人が、祖国の未来を夢見た。その夢が実現したあと、別のもうひとりの詩人が、

自由
風に舞う
ひきちぎられた紙屑
（北島《ベイタオ》「太陽の都ノート」）

とつぶやき、
生活
網
（同じく「太陽の都ノート」）

と呻く。
この比喩は、私の心に突き刺さる。

十　おはなし

おはなしというものはどこかうそっぽい。

上田秋成の『雨月物語』巻之二「浅茅が宿」について。

場所は、下総の国葛飾郡真間の郷。「物にかかはらぬ性」（執着心がない）の勝四郎という男、父祖伝来の家産を食いつぶして貧乏ぐらし。しかし、そのことで一族の者から疎んじられることは「朽《くち》をしい」と思う。プライドだけは残っている。雀部《ささべ》の曽次《そうじ》という商人に頼み、自分も商人になり都へ行って一旗あげたいと考える。

美貌の妻宮木は、ことばをつくして反対するが、逸る夫の心を引きとどめることはできない。秋には帰る、と言い置いて都へ急ぐ勝四郎。

その夏以降、関東一円には戦雲がたちこめる（享徳の乱）。人心は乱れ、若者は兵士に徴され、あるいは土地を捨てて逃散するもの。しかし宮木は、固く操を守りつつ、秋には帰るという夫のことばを信じてひたすら待ちつづける。

一方の勝四郎は、都での商売に成功し、故郷の戦禍を気づかいながら約束通り帰ろうとするのだが、途中木曽の辺りで盗賊に遭い荷物をすべて奪われてしまう。そのうえ人の話では、戦乱のため関東へ通行することはできず通信手段も途絶しているということである。わが家は戦火に焼失し、妻もすでにこの世にはいないに違いないと判断した勝四郎は、再び京都へ引返そうとするのだが、途中近江の国において急病にかかり、そのままそこで越年することになる。そして病癒えた後、京都と近江との間を往来しながら、月日は夢のように過ぎ去る。七年後、今度は畿内に戦が起き、疫病が流行する。勝四郎には俄然望郷の思い募り、せめては亡き妻の菩提を弔わねばと、五月雨の晴間急ぎ帰郷する。

変り果てた故郷、ようやく探しあてたわが家。妻は、生きていた。見るかげもなくやつれてはいたけれども。男は待たせた理由を弁じつつ、女は待たされた苦労をくどきつつ、夜はしだいに更けてゆく。

翌朝、朝露のこぼれかかる肌寒さに目覚めた勝四郎は、一緒に寝ていたはずの妻の姿が消えていることに気づく。家も、屋根がまくれるほど荒れている。と、かつて寝室であった場所に目が向く。簀子が取り払われ、土を積んだ墓が築かれている。墓標らしきものが立っており、それには戒名・没年などは書かれていず、「さりともと思ふ心にはかられて世にもけふまでいける命か」という恨みの歌のみが記されている。

漆間《うるま》の翁という土地の故老が勝四郎に、宮木のけなげさとあわれな最期の様子を告げ、その塚を築いて後世を弔ったことを話す。勝四郎は声をあげて泣き、供養をする。

この男と女の物語がうそっぽいというわけではない。それどころか、冒頭の人物造型、冒険を求める男とそれを引きとどめようとする女の心情、帰郷を断念せざるをえないとする男の判断の妥当性と、にもかかわらずひたすら待ちつづけるしかない女の哀しみの真実（つまり、男と女の上に流れる時間の質的相違）、自らが逆境にたち至ることによって初めて男の中によみがえる望郷の思い、それらはいずれも、簡潔ながらもじつにリアリティをもって描かれている。例によって現れる宮木の亡霊も、十分な文学的説得力によって支えられているといえる。

ついでながら、帰郷の第一夜を過した勝四郎が、破屋の中で翌朝眼覚める場面の次の描写は、秋成がすぐれた詩人でもあったということを証している。

五更の天明《そら》けゆく比現《ころ》なき心にもすずろに寒かりければ、衾帔《ふすまはず》さんとさぐる手に、何物にや籟々《さやさや》と音するに目さめぬ。面《かほ》にひやひやと物のこぼるるを、雨や漏りぬるかと見れば、屋根は風にまくられてあれば、有明月のしらみて残りたるも見ゆ。……

ところが物語は、この勝四郎の悲しみのクライマックスで幕、ということにはなっていないのである。勝四郎とともに宮木の墓前に伏し、歎きつつ念仏して明したその夜、翁は、寝られぬままに、この地に伝わる「真間の手児《てこ》女《な》」の昔話をかたるのである。そして翁は、「あなたの亡くなった奥さんの心は、昔の手児女の純真な気持よりどれほどまさって悲しかったことでありましょう。」と、話を結ぶ。それにたいして勝四郎は、

いにしへの真間の手児女をかくばかり
　恋ひてしあらん真間のてこなを

と、たどたどしい歌を詠む。こうしてようやくこの物語は終結するのである。

「真間の手児女」の昔話は、『万葉集』以来よく知られているものだが、漆間の翁はいったい何のためにこの話を勝四郎にしたのだろうか。秋成はいかなる意図があって「真間の手児女」の昔話をもって「浅茅が宿」の結末としたのであろうか。というのは、女性が哀れな最期を遂げるという共通点はあるにしても、それぞれの死に至る状況や、あるいは、死そのものの意味もまったく異る、別々の話であるように思われるからである。宮木の場合は、夫の言葉を信じつつ待ちつづけた末の、恨みを残しての無念の死であり、手児女の場合は、自分に寄せられる多くの男たちの愛の重みに堪えかねての、自ら選んだ死である。

当事者の勝四郎は感じていないようだが、読者である私には、何かはぐらかされたような一種の違和感がある。結末に異質なおはなしを持ってくることによって、物語の焦点が二重になり、それだけ物語の迫真力が減殺されているように感じられるのである。手児女伝説の部分に至って、本筋の勝四郎宮木の物語が、次第に背景に遠退いて行く感が、どうしてもするのである。

「浅茅が宿」の話柄は、『剪燈新話』第三の「愛卿伝」、及び、『今昔物語集』巻第二十七の「人ノ妻、死シテ後会旧夫語《もとのおっとにあへること》 第二十四」が参照されているのだが、そのどちらにもまったく関連のない下総国葛飾郡真間の郷をこの物語の舞台に設定したということは、手児女伝説をその結末部分に置くという、あらかじめの秋成の計画を表している。それがもたらす違和感に、秋成は気づかなかったのだろうか。計算ちがいだったのだろうか。

しかし、『雨月物語』所収の、綿密巧緻をきわめた他の諸編を知っているわれわれには、作者の単純な計算ミスとは考え難い。とすれば、われわれの読みかたのほうに、問題があるのかもしれない。

試みに、問題を裏返してみたらどうなるか。つまりこうである。手児女伝説が結末に付け加えられることによってもたらされる違和感こそが、秋成のねらいだったのではなかろうか。

手児女伝説は、昔から語り伝えられてきた「おはなし」である。「おはなしというものはどこかうそっぽい」、「浅茅が宿」全体の主題は、そういうことではないだろうか。

「浅茅が宿」の物語が、その怪異性をも含めて、十分なリアリティを持っているということは、既に述べた。男と女のどうしようもない性《さが》が描かれており、だからこそ悲劇の避け難いことを、読者は否応なく納得させられる。宮木の真情や運命に、心底感動同情しつつも、一方、勝四郎の帰郷を阻んだ盗賊や急病、戦禍の情報から宮木はもうこの世にはいないに違いないと考えた彼の判断、これら何れについても、われわれは第三者として安易に無視したり非難することができない。そのように書かれている。

そして、そのいかんともしがたい悲劇の結末は、先にもあげたが、勝四郎が七年ぶりに帰郷し、幻の宮木と奇怪な一夜を過した翌朝に発見する宮木の絶筆（辞世）に、余すところなく表されている。

さりともと思ふ心にはかられて
　世にもけふまでいける命か

『続後撰集』巻十三、藤原敦忠の歌「さりともと思ふ心に慰みて今日まで世にも生ける命か」の、傍線部の一語を入れ換えただけのものである。しかしここに新しく用いられた「はかられて」という一箇の動詞が、敦忠の歌にはなかった、測り知れぬ深さの恨と怨とを表しており、この歌を完全に宮木のものにしてしまっている。

またその上にある「さりともと思ふ心に」という語句にも、微妙な影響が及んでいる。「慰みて」にかかる形の原歌においては、単純な自己慰籍を表しているだけのものだったが、「はかられて」とつづくことにより、歌にこめられた恨と怨とが直接的に相手の男に向けられるのではなく、「それにしても、夫がまもなく帰ってくるでしょう、と思う自分の心にだまされて」と、より屈折した、したがっていっそうの真実味が感じられる表現に、変化しているのである。

言葉の魔術。

この歌が先にあって、それに合わせて物語が構想されたのではないかとさえ思えるほど、作品の流れに完璧に適合したものとなっている。

さらによく見ると、原歌の「今日まで世にも」の部分、語順が入れ換えられている。このことによって、「世にも」という言葉が、これまた単純に文字そのままの意味を表す語から、詠み手の思いを強める、強意の副詞に転成しているのである。

さてその直後に、漆間の翁が登場するのであるが、その役割は……「歴史の語り手」である。戦乱による土地と人心との荒廃とを語り、その中での、宮木の、けなげな生と哀れな死とを語る。この語りを通して宮木は、歴史の、つまり「おはなし」の、ヒロインとなり、語り手によって祭られる存在となるのである。生ま身の宮木が身を焼いた恨と怨のデイテイル、つまり物語りのリアリズムは捨象され、代わりに、固く身を持しつつひたすら夫を信じて待ち続けた、婦女の鑑ともいうべき教育的イメージが提出される。「宮木伝説」の誕生である。

「宮木伝説」を語り終えた翁に、つづいて「手児女伝説」を語ることの違和感はない。

勝四郎のほうも、いつのまにか当事者から「おはなし」の聞き手になってきている。その心中に、「かくばかり恋ひてしあらん真間の手児女を」という、「手児女伝説」によって増幅された痛切な悲しみはあったにしても、それは、大切なものを失ってしまったといういわば被害者としてのそれであり、妻宮木の恨や怨にまで届くような、夫としての自責や後悔の思いでは、もはやない。

「おはなし」というものがどこか「うそっぽい」ということは、われわれもじつはすでにうすうす感じてはいたことのように思われる。

幼いころ、ちょっとしたウソをついたり、兄弟げんかをしたとき、お年寄りがじつにタイミングよく、ウソをついてバチがあたったとか、争った結果両方とも滅びてしまったとかいう、恐い教訓の「おはなし」を聞かされたものだ。

しかしそれらの多くは、あとから考えてみると、かなり荒唐なものがほとんどである。たとえば、有名な「二匹の山羊」。互いに譲ろうとしなかった結果、丸木橋から二匹とも激流に落ちてしまったというおはなし。「譲りあいの教訓」として聞かされたこのおはなしにたいして、話しあってより緊急の用事を持つもののほうを先に渡らせるのが賢明な方法だとか、力の強いもののほうが相手を譲らせるのがこの世の常だとか、あるいは、二匹ともがいつまでも譲りあっていたらいったいどうなるのか（いかにも滑稽な場面が目に浮かぶ）などと、それから何年もたってからではあるが、そのように考えてみたりしたものである。ただ、二匹がともに谷底に落ちる情景（絵本には必ずその画面がある）の恐怖感だけは、幼い心に強くプリントされて、容易に消えなかったが。（教育の力。）

あるいは、もう少し成長して字が読めるようになったころ、「伝記」というものが沢山用意された。その「おはなし」の中の偉人は、たいていの場合、一ページ目から最終ページまで徹頭徹尾偉大であり、どの言動ひとつをとってみても、自分にはとうていマネのできないものである。したがってある年齢以上になると、それは、われわれを奮い立たせてくれるよりも、劣等感を抱かせるための読物になって行き、自然に遠ざかるようになる。

宮木は秋成が書いたような、そして恐らくは手児女もわれわれのうかがい知れぬような彼女だけの理由で、死んだにちがいない。それが後に、「夫を信じつつ操まもることによって」とか、「一人を選ばず、思いをかけてくれた人皆にこたえようとして」などと理由付けられることによって、彼女たちは「おはなし」の主人公になったのである。彼女たちにとっては二度目の、考えてみればきわめて不本意な、より悲惨な死を死ぬことによって、人々のための「教材」になったのである。

周到な秋成は、「浅茅が宿」の最後を、「かの国にしばしばかよふ商人の聞伝へてかたりけるなりき」という一文で結んでいる。「宮木伝説」は、その後も語り伝えつづけられているというわけである。

十一　宿題

旅はいつも、宿題をつきつける。

今年も、厦門大学日本語科主任董徳霖先生の御依頼により、旅の途中のある日、日本語科の学生さん達に、話をする機会を与えられた。昨年は、「日本文化について」という大きなテーマで雑駁な話をしたので、今年は少しまともな話を、と思い、詩の話をすることにした。谷川俊太郎の「忘れもの」と、高村光太郎の「根付の国」を読むことにした。当日、谷川の方に時間をかけすぎて、光太郎の方は、朗読と語釈、当時の光太郎の状況について概略を説明する、というだけに終わった。

根付の国

頬骨が出て、唇が厚くて、眼が三角で、名人三五郎の彫った根付の様な顔をして
魂をぬかれた様にぽかんとして
自分を知らない、こせこせした
命のやすい
見栄坊な

小さく固まって、納まり返った
猿の様な、狐の様な、ももんがあの様な、だぼはぜの様な、麦魚《めだか》の様な、鬼瓦の様な、茶碗のかけらの様な日
　本人

さて、話の最後に私は、学生さん達に宿題を出した。「――、――、――日本人」の形をまねて、「――、――、――中国人」という詩を書いてみてください、と。

強制はしなかったので、数人の人に提出してもらえただけだったが、それらを見て、私は驚いてしまった。衝撃を受けた、と言ってもよい。光太郎の――、――、――は、そのすべてが日本人にたいする痛烈な批判のことば、つまり、徹底的なマイナスイメージの羅列になっているのだが、学生さん達の――、――、――は、そのほとんどがプラスイメージ、そして、ごくわずかなプラスマイナス中立イメージで埋められていたのである。

私の驚きは、この詩が青年期特有の批判精神を刺激する、との私の事前の予想がその原因である。そしてその予想は、熟慮した上での、可能性としての予想ではなく、当然そうなるはずだという、意識しないほどのそれであった。だからこそ、予想のはずれは、衝撃だったのである。

中国の若い人達が、――、――、――をなぜプラスイメージで埋めたのか。つまり、私の無意識の予想がなぜはずれたのか、その中国側の理由については、ここでは考えないことにする。それを論ずるには、中国の教育の現状や背景について私の知識が乏しすぎるからである。

私は、自分自身をふり返ってみたい。私はなぜこの詩を教材に選んだのか。この設問の私はを、私たちはに、この詩をを、この種の作品を、にそれぞれ置き換えることが可能ならば、問題は、私の国の国語教育・文学教育の問

題になる。

現実にたいする批判精神の有無やその強弱についてはともかく、私達の選ぶ教材の全体傾向は、マイナスイメージに満ち溢れていると言わざるを得ない。今ふうのひとつの言葉で言えば、暗い。夏目漱石の『こころ』、森鷗外の『舞姫』、芥川龍之介の『羅生門』、木下順二の『夕鶴』、新美南吉の『ごんぎつね』等々。太宰治の『走れメロス』あたりが数少ない例外であろうか。

一種のマゾヒズムともいうべき暗さを必然的に帯びるにしても、深刻な人間観察・確認は、文学の持つ大きな特質・使命であり、今あげた作品のいずれもが、そういう意味での優れた成果であることは、誰も疑うことができない。しかし、私が問題にしたいのは、じつは、教材の価値のことではなく、語弊があるのを承知で言えば、その魅力の問題なのである。私の国の若者達は、与えられた国語教科書に、はたしてどの程度の魅力を感じているだろうか。調査してみるまでもなく、その結果はおそらくかなり否定的なものであろう。

ただ、こういう経験がある。新学期に配られた真新しい教科書を拾い読みして、その中のある教材に心を惹かれ、その授業を心待ちにしていたが、実際にその授業に入ってみると、急速に面白みが減退して行く、色褪せて行く。つまり、教材（作品）が面白くないのではなく、授業が面白くない。授業とは本来、教材をより面白いものにするためのものであるはずだが、われわれ教師の能力や努力が不足していて、そうなっていない。場合によっては反対の効果を持つものになってしまっている。そういう面も確かにあるが、しかし、一般的にいって、教科書は面白くない、暗い、という印象は否定し難いのではあるまいか。

マンガとか週刊誌とかテレビというものがある。そのうちのテレビを、ひとつの作業仮説として、教科書の対極に置いてみる。面白く、明るい、ということで。一本の缶コーヒーでハッピーになれるというコマーシャルメッセージ、どこでもドアを使ってとてつもない希望がいとも簡単にかなえられるというアニメ……。テレビは、すべてを面白く、明るくする装置である。

これらのテレビの世界を、虚妄であるといって切るのは容易である。しかし、その虚妄の映像が、活字の世界を侵食しているという現象そのものは、虚妄ではない。若者は（だけではないが）、教科書を開かずに、スイッチを入れる。それだけの魅力を、テレビは持っている。教科書は負けている。

私はかつて、高等学校現代文の教科書の編集作業に加わった経験がある。その時われわれ編集委員の合言葉は、〝通学電車の中で高校生が広げて読める教科書を〟だった。つまり、テレビほど面白くはないかもしれないがタメになる教科書を、ではなく、テレビよりも、あるいは、テレビと同じくらい面白い教科書を、というねらいだったのである。しかし、このねらいはおそらく達成されていまい。やはり、教科書は負けている。

テレビの映し出す虚妄のハッピーに勝つために、暗い人間凝視・現実批判を捨てるべきだ、と考えているわけではもちろんない。それほど安易な問題ではない。

虚妄ではない明るい未来への構想を、どう示し得るのか。環境、核、政治腐敗……どう考えても明るく描き出せそうもない未来について、その解決を若い人達の手に一方的に押しつけるような形でなく提示すること、それがわれわれおとなの義務ではないだろうか。若者はおとなの作った現実を批判してもよい。また、おとなが若者に変革への期待を寄せることもよい。しかし、なぜこうなったかについての責任を問われる筋合いは、若者にはないはずである。

宿題は途方もなく難しい。

十二　降る雪が父子に言を齎しぬ

1

教育実習に行っている学生さんの授業を見せてもらった。中学三年生の教室。教材はこの教科書のために書き下ろしたという上田五千石氏の「俳句への招き」。

高屋窓秋「ちるさくら海あをければ海へちる」、高浜虚子「白牡丹といふといへども紅ほのか」、中村草田男「葡萄食ふ一語一語の如くにて」、中村汀女「とどまればあたりにふゆる蜻蛉かな」、森澄雄「雪国やはつはつはつはつ時計生き」、以上の各句を素材にしての、俳句というものについての説明文があり、その後に、上田氏の選んだ諸家の十一句が並んでいる。授業はその、諸家の十一句の読解・鑑賞であった。

2

その十一句のうちの何句目かの、

降る雪が父子《おやこ》に言《こと》を齎《もたら》しぬ

加藤　楸邨

について。

次の質問から、この句の授業は始まった。

「父子」というのが出てきますが、この「子」は男の子だと思いますか？　それとも女の子だと思いますか？

また、この「子」の年齢はいくつくらいだと思いますか？

指名された中学生が、「男の子で五歳くらい」と答えた。

生徒のこの答えを聞いたとたん、教室の後ろに腰掛けていた私の頭は自分の思念の中に閉じ籠もってしまい、目の前の授業を離れて別の独自の活動を始めてしまった。

3

これが試験の問題で（問題として出すとすればだが）、私が採点者であれば、この答案、「男の子」の部分は〇、「五歳くらい」の部分は×にしそうである。

しかし……

教員希望の学生を対象とし、そのために開設された講義の中で、私は常々強調していた。

「誤答」はとても大切なものだ。

「誤答」には必ずそれなりの論理（誤答の論理。たとえ「受け」をねらっただけの故意の誤答でさえも、「受けたい」という論理）があること。一つの顕在化した「誤答」の背後には、それに類したいくつもの顕在化しなかった「誤答群」があるかもしれないこと（発表した本人だけでなく他に何人もの生徒もそのように思っているかもしれない）。したがって「誤答（群）」およびそれを生み出した論理（発言者がその論理に気付いていない場合が少なくなく、その場合は教師が発言者に代わって論理化する必要がある）をまっすぐに受け止め、それを意味付け位置付けることは、発言者を救うことになるだけでなく、その「誤答」を踏まえてさらに一段高いレベルの読みに至る道筋を見出す手がかりにもなること。つまり、なるべく多くの「誤答」が出るような教室（「誤答」を自由に出せる自由な空気を持った教室）ほど、質の高い読みが可能になること。裏返して言えば、教師が予め用意した「正答」だけを並べたり、あるいはそれだけが相次いで出てくるようななめらかな授業は、上滑りの軽いものになる危険性があること。ただ、予想外な「誤答」をきちんと受け止めるためには、教授者の方に相当な力量ないしは準備が必要なこと。等々。

4

私は、先の中学三年生の「誤答の論理」について考えた。「父子」の間に「降る雪」がどのような「言」を「齎し」たのだろうか。「お父さん、雪が降ってきたよ」「ほんとだ、雪合戦でもやろうか。昔何度かやったことがあるなあ」「そうだね、でも、雪だるまを作る方がいいな」「……」。

私は彼に再問する。それでは「言を齎」す前のふたりの間の沈黙の意味は？「僕は勉強か何かやっていて、お父さんは新聞を読んでるとか……」。

前に立って授業を進めている実習生（大学四年生）の説明の中の「思春期」とか「反抗期」とかいう言葉が、私の耳にポツンポツンと届く。

授業を聞いているのは中学三年生。授業をしているのは大学四年生。参観している私は、現在大学生の子供を持っている父親。私は、子として長い父親とのつきあいの歴史を持っている、加藤楸邨についてもなにがしかの知識を持っている。それぞれの経験の質量によって読んでいる、そのようにしか読めない？

5

「父子」の平均的歴史を大雑把に描いてみる。

①メルヘンの時代、②思春期・反抗期、③相剋・葛藤の時代、④和解・追懐の時代。

一緒にキャッチボールをし、何処へでもついて来たがる①の時代は、いつまでもは続かない。②③の違いは、前者が何がというはっきりした理由があるわけではないが、何となくうっとうしい・むかつくというような、「感情」が中心であるのにたいし、後者は、信念とか人間としての生きかたに関わるような、より深刻な「ドラマ」である、というところにある。その「ドラマ」が、何らかのできごとを契機に大団円を迎えることができれば、それが父の生前である場合、「和解」であり、不幸にして死後である場合は、深い悔恨を伴う「追懐」ということになる。

6

「五歳くらい」を×とした私の採点は正しかったのか。採点ミスではなかったと思うのだが、一方、×を貫った中学三年生はその×をどう受け止めるか。納得できず、押しつけられたと思い、授業や教師にたいしていくらかの不信感を抱くようになる。あるいは、むりやり自分を納得させて、こういう場合はどう答えるべきかという解答技術を身につけるようになる。あるいは、……。

問題点そのものは明瞭である。指名された中学三年生は①②の中間期くらいにいるのであろう。教えている大学四年生は②③の中間くらいに位置するのであろうか。そしてむろん私は④の時代。正確に言えば、私は「子」として①から④をすべて経過し、かつ「父」としても①から始まり③にさしかかっている。

明らかになった問題点というのは、大学生と私の違い、ということだけではない。教える側に身を置くということは、ある場合、想像力や努力によって、現実の自分の場の限界を超えなければならない。事実としての自分の経験の量だけでは、作品を十分に読むことも、したがってそれを伝えることもできない。年齢とともに経験の量を増やすということは、単純に過去から現在までの経験の量が増えるということではなく、その経験の中身についての省察を力にして将来経験するかもしれない事態を予想したりそれに備えたりすることでもある。想像力や努力によって現実の自分の場の限界を超えるということは、そういう意味で、必要でもあり、必然でもある。

7

現実的な問題点はやはり、「五歳くらい」を×とした私の採点の正否（実習生もその答えを不十分としたから「思春期」や「反抗期」の語を使った説明を加えたのであろう）である。

現状でのとりあえずの、という修飾語を付した上での結論を出して置かねばなるまい。ほんとうはこの種の問題を出題することをやめたいのだが、それは逃げでしかあるまい。そうすれば採点はやはり×とするしかない。

これから後は、私の願いとか祈りというものになってしまうのだが、×をもらった中学三年生が、何故×なのかという疑問とともにこの句そのものをしっかりとこころに残して置いてほしいと願う。そういう授業がやれれば、と思う。そうすれば将来、自らの成長につれて、彼の心の中で、この句もまた成長していくに違いない。

なお、私はこの文章でこれまで、この句が加藤楸邨のものであることについての言及を、意識的に避けてきた。作者に属するある「事実」を持ち出せば、私の採点は確固たる権威が、作品外から与えられる可能性があるからである。ただ、作品というものが、時代や環境というものに濃淡さまざまな影響を受けつつも、「作者」によって産み出されたということは「事実」であり、それを無視ないしは軽視することは、作品理解という作業のなかで、必ずしも正しいとは思わないが。

「誤答」にたいする対応は、ほんとうに難しい。

あとがき

長い教員生活の間、私の耳に響きつづけているふたつの言葉がある。

ひとつは、大学二年生のときに受講した「教育心理学」という講義の、最後の授業でのこと。先生は、一年間の講義を終えるにあたって、次の言葉を黒板に書いて、われわれに贈ってくださった。

手術は成功せり。而して患者は死せり。

詳しい意味の説明もなかったし、出典も言われなかったが、私は、次のように勝手に解釈して、教師になることを目指している自分自身のための言葉とした。

授業というものは、生徒のためのものであって、どんなに綿密周到な学習指導案を立て、そしてその通りの授業がやれたとしても、生徒がいきいきと活動し、参加するものでなければ意味がない。また、教材研究というものも、その教材の意味や価値を活かすためのもので、どんなに詳細精緻に分析・研究しても、教材が死んでしまっては意味がない。

もうひとつは、大学を卒業し、教師としての仕事が始まる直前か、あるいは始まった直後かのある日、すでに何年か教師をしている、大学の先輩を訪ねたとき、その先輩が「自分はできていないが……」とうつむきかげんに、次のように言われた。

たとえば、漱石の『こころ』を授業でやることになったら、それを機会に漱石全集を読む。次に、『源氏物語』のある部分をやることになったら、それを機会に『源氏物語』全巻を読んでみる。そうやって五年間くらいつづけると、立派な教師になれるかもしれない。

私はむろん両方とも実行できているとはいえず、だから今でも、このふたつの言葉は、私の耳に響きつづけているのである。

それにしても、今なぜ文学教育なのか。好きだから、ということに結局はなってしまうのかもしれないが、活字離れと言われながらも、今なお文学はわれわれとともに在る。われわれを、ときには励まし、ときには叱責し、ときには癒すものとして。

読むことは好きだが、私自身は作品をほとんど書かない、才能がないことがわかっているから。高校時代は文芸部に属していて、下手な詩をたくさん作ったが、自作のわけのわからないものを読むよりも、三好達治や芭蕉やアポリネールを読むほうが、むろん断然おもしろい。高校教師になってからも、演劇部の顧問として何編かの台本を書いたが、部員数やその男女比の偏りから、上演できる既成の台本が見つけられなかったからにすぎない。

そして、読む作品を選ぶ場合も、ノーベル賞や芥川賞を取ったというような世間の評価にはあまり関心がない。もっぱら、作品の人物やその作者の考えかた、生きかたが興味や関心の中心になる。たとえば魯迅は、私が個人全集をすみからすみまで読んだほとんど唯一の作家だが、その膨大な全集の中で、本当の意味で文学作品と呼び得るものはほんの一部であるように思う。しかし、許広平との往復書翰をまとめた『両地書』などは、非常にすぐれた「恋愛思想小説」でもある。

ということで、すぐれた文学というものは、人生という学校におけるすぐれた教材である、というのが、私の基本的な考えであり、私の文学教育論（と呼ぶことができるならば）は、すべてこの考えの上に立っている。

農民は、作柄のよしあしにかかわらず、その時期になれば収穫作業をしなければならない。商人は、利益のあるなしにかかわらず、その時期になれば決算しなければならない。私も、教師として、今そういう秋《とき》にさしかかっている。ところが、実際に作業を始めてみて、その作柄の悪さに、われながらあきれてしまった。それぞれの文章にまつわるそれぞれの思いはあるものの、はたしてそれを公刊する意味があるのか。

ところが、出版を引き受けてくださった溪水社の木村逸司氏から本書刊行のことをお聞きになった野地潤家先生（広島大学名誉教授・鳴門教育大学名誉教授・鳴門教育大学前学長）が、私の兄（白井加寿志・現在香川尽誠学園高等学校校長）が先生のかつての教え子である関係もあってか、先生の方からお声をかけて下さり、私の読みにくい原稿すべてに目を通していただいた。さらには、目次を立てて下さり、本の題名を付けて下さり、そのうえ、「まえがき」までいただいた。貧弱な身体に十二単をまとったような具合である。小著にとってはもちろん、先生の教え子でもないその著者にとっても、文字通り、身にあまる光栄としか言いようがない。

じつは、まえがきは当初、兄事する同僚、書写・書道教育の権威である久米公教授にお願いした。ところが、何度お願いしても固辞される。思案にくれて、まえがき無しで出すしかないか、と思っていたときに、今述べたようなことになったのである。野地先生は久米先生にとっても大恩師とかで、久米先生もこのことをたいへん喜んでくださった。

作柄はともかく、私はこれまで、思えば、まったく自分のやりたいようにやってきた。そのひとりよがりの危うさに満ちていたであろう私の授業や講義を熱心に聞いてくれた、たくさんの生徒・学生諸君、時に鼻持ちならないほどであったろう独善の振る舞いを、あたたかく許してくださったたくさんの同僚たち、そして、そういう生活をつねに支えつづけてくれた妻や家族、それらすべての人たちに、心から、感謝！

二〇〇二年三月十七日

著者

初出一覧

一　文学教育の意義と役割――文学教育と生涯学習――
　　原題「文学教育と生涯教育」（『四国大学紀要』17―A　平成十四年三月）
二　魯迅『藤野先生』の執筆意図（『香川大学国文研究』第15号　平成二年九月）
三　『阿Q正伝』を生み出したもの（『新現代文』指導資料　三省堂刊　昭和六十一年三月）
四　魯迅『狂人日記』――作品分析の試み――
　　原題「魯迅『狂人日記』の分析」（『四国女子大学紀要』七―一　昭和六十二年十二月）
五　文学教材『トロッコ』（芥川龍之介）について
　　原題「芥川龍之介『トロッコ』について」（『名古屋大学教育学部附属中・高等学校紀要』第23集　昭和五十四年三月）
六　戯曲教材『夕鶴』（木下順二）について
　　原題「『夕鶴』の読み方」（『名古屋大学教育学部附属中・高等学校紀要』第25集　昭和五十六年三月）
七　文学教材『ぼくの伯父さん』（長谷川四郎）について
　　原題「『ぼくの伯父さん』（長谷川四郎）の分析」（『名古屋大学教育学部附属中・高等学校紀要』第29集　昭和六十一年三月）
八　文学教材『ひかりごけ』（武田泰淳）について――教材化とその問題点――
　　原題「『ひかりごけ』攷――教材化とその問題点――」（『四国大学紀要』A―2　平成六年三月）
九　比喩（『逆光』五号　昭和六十三年六月）
十　おはなし（『逆光』六号　昭和六十三年十月）
十一　宿題（『四国大学国語国文学科中国旅行之記二巻』　平成四年十二月）
十二　降る雪が父子に言を齎しぬ（『季刊藍花』二十号　平成十一年十二月）

著者略歴

白　井　　宏（しらい　ひろし）

香川県生。東京教育大学文学部卒業。愛知県立瀬戸高等学校教諭。名古屋大学教育学部附属中・高等学校教諭。四国女子大学（後、四国大学に改称）文学部助教授。徳島大学大学院人間環境研究科（修士課程）修了。
現在、四国大学文学部教授。

国語科教育の基礎構築

平成14年4月1日　発行

著　者　白　井　　宏

発行所　㈱　溪　水　社
広島市中区小町1－4（〒730－0041）
電　話（082）246－7909
FAX（082）246－7876
E-mail:info@keisui.co.jp

ISBN4－87440－693－9　C3081